Jostein Gaarder

Das Leben ist kurz

Vita brevis

Jostein Gaarder

Das Leben ist kurz

Vita brevis

Aus dem Norwegischen von
Gabriele Haefs

Mit einem Nachwort von
Otto A. Böhmer

Carl Hanser Verlag

Die Originalausgabe erschien 1996 unter dem Titel
Vita brevis
bei Aschehoug & Co. (W. Nygaard) in Oslo.

Die Schreibweise in diesem Buch entspricht
den Regeln der neuen Rechtschreibung.

4 5 01 00 99 98 97

ISBN 3-446-19082-1

Umschlag: Quint Buchholz, Ottobrunn
Satz: Reinhard Amann, Aichstetten
Druck und Bindung: Franz Spiegel Buch GmbH, Ulm
Printed in Germany

Als ich im Frühjahr 1995 die Buchmesse in Buenos Aires besuchte, wurde mir ein Vormittag auf dem berühmten Flohmarkt von San Telmo empfohlen. Nach einigen hektischen Stunden vor den vielen Verkaufsständen in den Straßen und auf den Plätzen suchte ich schließlich in einem kleinen Antiquariat Zuflucht. Dort fiel, als ich vor einer bescheidenen Auswahl an alten Handschriften stand, mein Blick auf eine rote Kassette mit der Aufschrift »Codex Floriae«. Etwas muss mein Interesse geweckt haben, denn ich öffnete die Kassette vorsichtig und fand einen Stapel mit der Hand beschriebener Bögen. Sie waren zweifellos alt, sehr alt, und ich sah sofort, dass ich einen Text in lateinischer Sprache vor mir hatte.

Mit großen Buchstaben war in einer eigenen Zeile ein Gruß geschrieben: »FLORIA AEMILIA AURELIO AUGUSTINO EPISCOPO HIPPONIENSI SALUTEM.« – »Floria Aemilia grüßt Aurel Augustin, Bischof von Hippo ...« Es handelte sich also um einen Brief. Aber konnte dieser Brief sich wirklich an den Theologen und Kirchenvater richten, der nach der Mitte des 4. Jahrhunderts den Hauptteil seines Lebens in Nordafrika verbracht hatte? Und stammte dieser Brief also von einer Frau namens Floria?

Mit Augustinus' Biografie war ich durchaus schon vertraut. Keine andere Gestalt zeigt so deutlich die dramatischen kulturellen Veränderungen beim Übergang von der alten griechisch-römischen Kultur zur christlichen Einheitskultur, die Europa bis in unsere Tage geprägt hat. Die beste Quelle für das Leben des Augustinus ist natürlich Augustinus selber. In seinen »Bekenntnissen« (Confessiones, vollendet um das Jahr 400) lässt er uns einen einzigartigen Einblick in das unruhige 4. Jahrhundert und in seine eigenen seelischen Konflikte zwischen Glauben und Zweifel nehmen. Augustinus ist vielleicht die Gestalt vor der Renaissance, die uns am vertrautesten ist.

Welche Frau konnte einen so langen Brief an ihn geschrieben haben? Denn in der Kassette befanden sich mindestens siebzig oder achtzig Bögen. Ich hatte noch nie von einer solchen Schrift gehört.

Ich versuchte, einen Satz zu übersetzen. »Es ist schon seltsam, dich auf diese Weise zu grüßen. Vor langer, langer Zeit hätte ich nur an meinen kleinen verspielten Aurel geschrieben.« Ganz sicher war ich nicht, ob meine Übersetzung zutraf, aber auf jeden Fall wusste ich nun, dass es sich um einen Brief von sehr persönlichem Charakter handelte.

Und dann kam mir ein Gedanke. Konnte der Brief

in der roten Kassette vielleicht von Augustinus' Konkubine stammen, also von der Frau, die er, wie er schreibt, verstoßen musste, weil er sich für ein Leben frei von jeglicher sinnlicher Liebe entschieden hatte? Mir liefen kalte Schauer den Rücken hinunter, denn ich wusste gut, dass uns die Augustinus-Forschung nicht mehr über diese unglückliche Frau oder über ihr langjähriges Zusammenleben mit Augustinus mitteilen kann, als er selber in seinen »Bekenntnissen« erzählt.

Nun trat der Besitzer des Antiquariates neben mich und zeigte auf die Kassette. Ich war noch immer wie gefesselt von diesem Brief, für den ich mir nun eine Art Deutung zusammengereimt hatte.

»Really something«, sagte er.

»Yes, I guess so . . .«

Presse und Fernsehen hatten aus Anlass der Buchmesse schon Interviews mit mir gebracht, und der Antiquar erkannte mich.

»El mundo de Sofia?«

Ich nickte, und er beugte sich über die Kassette, schloss den Deckel und legte sie auf einen kleinen Stapel anderer Handschriften, wie um zu betonen, dass er diese Handschrift nicht unbedingt sofort verkaufen wollte. Vielleicht ließ ihn die Situation noch genauer überschlagen, da er nun wusste, wer ich war.

»A letter to Saint Augustine?«, fragte ich.

Ich fand sein Lächeln beunruhigend.

»Und Sie halten ihn für echt?«

Er sagte:

»Unmöglich ist das nicht. Aber ich habe dieses Manuskript erst seit wenigen Stunden, und wenn ich wüsste, *dass diese Schrift wirklich ist, wofür sie sich ausgibt, dann würde sie nicht hier liegen.«*

»Woher haben Sie sie?«

Er lachte.

»Ich würde in dieser Branche nicht besonders lange überleben, wenn ich nicht gelernt hätte, meine Kunden diskret zu behandeln.«

In mir hatte sich inzwischen prickelnde Ungeduld ausgebreitet. Ich fragte:

»Wie viel wollen Sie dafür haben?«

»Fünfzehntausend Pesos.«

Fünfzehntausend, das war wie ein Schlag in den Bauch. Für eine Handschrift, die doch höchstens ein paar hundert Jahre alt sein konnte, sich aber ausgab als Brief von Augustinus' Konkubine. Bestenfalls war hier doch wohl die Rede von irgendeinem bisher unbekannten Brief an den Kirchenvater oder eher von einer Abschrift einer noch älteren Abschrift.

Nun ja, der Brief konnte natürlich auch irgendwann im 17. oder 18. Jahrhundert in einem Kloster in Lateinamerika geschrieben worden sein. Ich glaubte gehört zu haben, dass in manchen Klöstern durchaus ab und zu vergleichbare Briefe, die angeblich an einen Heiligen gerichtet waren oder sogar von ihm selbst stammen sollten, verfasst worden waren.

Der Antiquar wollte Feierabend machen, und ich reichte ihm meine VISA-Karte.

»Zwölftausend Pesos«, sagte ich.

Das sind fast 25 000 Kronen – für etwas, das vielleicht überhaupt keinen antiquarischen Wert hatte. Aber ich war neugierig, und ich wäre nicht der erste Mensch, der für seine Neugier teuer bezahlen muss. Schon, als ich vor vielen Jahren die »Bekenntnisse« des Augustinus gelesen hatte, hatte ich versucht, mich in diese Konkubine hineinzuversetzen. Auch die Ansichten des Augustinus über die Liebe zwischen Mann und Frau hatten bei mir einen tiefen Eindruck hinterlassen.

Der Antiquar nahm mein Angebot an. Er sagte:

»Ich glaube, wir wären gut beraten, wenn wir diesen Handel als eine Art Risikoverteilung betrachteten.«

Ich schüttelte den Kopf, da ich nicht verstand, was er damit meinte. Und er erklärte:

»Entweder mache ich ein sehr gutes Geschäft, oder Sie machen ein noch besseres.«

Er machte einen Abdruck meiner Kreditkarte und sagte mit bekümmertem Gesicht:

»Ich habe das Manuskript selber noch nicht mal ge-

lesen. In ein paar Tagen hätte der Preis sich entweder vervielfacht, oder ich hätte die Kassette dort hinten in den Korb geworfen.«

Ich warf einen Blick auf den Korb, auf den er zeigte, er war mit alten Taschenbüchern gefüllt. Auf einem Schild, das aus dem Korb aufragte, stand: »2 Pesos.«

Ich hatte das bessere Geschäft gemacht. Der »Codex Floriae« wird inzwischen auf das Ende des 16. Jahrhunderts datiert, aller Wahrscheinlichkeit nach ist er in Argentinien aufgeschrieben worden. Die große Frage ist nur, ob wirklich jemals ein altes Pergament existiert hat, dessen Abschrift unsere »Codex Floriae« ist.

Ich selber zweifele nicht mehr an der Echtheit des Briefes, der also ursprünglich von Augustinus' langjähriger Lebensgefährtin stammen muss. Ich halte es für nahezu unvorstellbar, dass dieser Text gegen Ende des 17. Jahrhunderts in Argentinien ersonnen worden ist. Da ist es trotz allem einfacher, sich vorzustellen, dass er wirklich aus der Zeit des Augustinus stammt. Satzbau und Wortwahl der Handschrift sind typisch für die Spätantike, und das gilt ebenfalls für Florias Mischung von Sinnlichkeit und fast verzweifelter religiöser Reflexion.

Im Herbst 1995 bat ich die Vatikanische Bibliothek in Rom um eine genaue Analyse des Manuskriptes. Allerdings ist mir von dort keinerlei Hilfe zuteil ge-

worden. Ganz im Gegenteil: Im Vatikan wird energisch bestritten, jemals einen »Codex Floriae« erhalten zu haben. Es überrascht mich nicht, obwohl ich nicht ohne weiteres akzeptieren kann, dass Florias Brief der katholischen Kirche gehört.

Ich hatte das Manuskript vorher natürlich fotokopiert, und im Frühjahr 1996 versuchte ich dann, den Brief ins Norwegische zu übersetzen. Diese Übersetzungsarbeit war ein Puzzlespiel sondergleichen, nicht zuletzt, weil die Handschrift keinerlei Paginierung aufwies. Es war aber auch ungeheuer anregend für mich, bei dieser Gelegenheit meine alten Lateinkenntnisse aufzufrischen – die ich 1968 – 1971 an der Osloer Kathedralschule erworben hatte. Oft habe ich dabei dankbar an meinen alten Lateinlehrer, Studienrat Oskar Fjeld, gedacht.

Es ist faszinierend, wie fest alte Konjugationen und Deklinationen im Gedächtnis verankert sein können. Aber ohne die bereitwillige Hilfe Øivind Andersens hätte ich diese Übersetzung doch nicht geschafft. Mein Dank für aufmunternde Worte und gute Ratschläge gilt außerdem Trond Berg Eriksen, Egil Kraggerud, Øivind Norderval und Kari Vogt.

Nichts könnte mir eine größere Freude machen, als wenn diese Ausgabe des »Codex Floriae« mit neuem Interesse an der lateinischen Sprache und der klassischen Kultur überhaupt belohnt würde.

I

Floria Aemilia grüßt Aurel Augustin, Bischof von Hippo.

Es ist schon seltsam, dich auf diese Weise zu grüßen. Vor langer, langer Zeit hätte ich nur an meinen »kleinen verspielten Aurel« geschrieben. Aber es sind mehr als zehn Jahre vergangen, seit du mich zuletzt umarmt hast, und vieles hat sich geändert.

Ich schreibe diesen Brief, weil der Priester in Karthago mir deine Bekenntnisse zu lesen gegeben hat. Er meinte, deine Bücher könnten für eine Frau wie mich eine erbauliche Lektüre darstellen. Als Katechumenin[1] gehöre ich in gewisser Weise schon seit vielen Jahren zur hiesigen Gemeinde, aber ich werde mich nicht taufen lassen, Aurel. Nicht der Nazarener ist dabei das Hindernis, und auch nicht die vier Evangelien, aber ich werde mich nicht taufen lassen.

1 d.h. Zuhörerin. Floria verwendet allerdings das lateinische Wort.

In deinem sechsten Buch schreibst du: »Man hatte mir die Genossin meines Lagers als Hindernis von der Seite gerissen, sie, die mir ans Herz gewachsen war, und von Schnitt und Wunde vergoss dies Herz von seinem Lebensblut. Sie war heimgekehrt nach Afrika, nicht ohne Dir[2] gelobt zu haben, sie wolle keinem anderen Manne mehr gehören, und hatte meinen Sohn, dessen Mutter sie war, bei mir zurückgelassen.«[3]

Es hat mir gut getan, zu sehen, dass du noch immer weißt, wie sehr wir einst aneinander gehangen haben. Du weißt, dass unsere Vereinigung mehr war als ein flüchtiges Verhältnis, wie es Männer so oft eingehen, so lange sie noch nicht verheiratet sind. Wir haben über zwölf Jahre lang treu miteinander gelebt, und wir hatten einen gemeinsamen Sohn. Nicht selten wurden wir von anderen für Mann und Frau nach dem Gesetz gehalten. Und dir hat das gefallen, Aurel, ich glaube, du warst ein bisschen stolz, während viele Männer sich ihrer Gattinnen schämen. Weißt du noch, wie wir zusammen über den Arno gingen? Plötzlich legtest du mir die Hand auf die Schulter, um mich zum Stehenbleiben zu bewegen. Und dann hast du etwas gesagt. Weißt du noch, was?

An mehreren Stellen schreibst du, dass du etliches überspringst und vieles vergessen hast. Vergib mir deshalb, wenn ich versuche, dir bei einigen wichtigen Punkten zu helfen.

Es stimmt, dass ich damals versprochen habe, keinem anderen Mann mehr zu gehören. Aber ich habe das nicht Gott versprochen. Du warst es doch schließlich, der mich bat, dir ein solches Gelöbnis abzulegen! Ich bin mir da ganz sicher, denn es war mein einziger Trost, als ich allein aus Mailand[4] nach Hause reiste. Noch immer bedeutete ich dir etwas – ein wenig zumindest. Und vielleicht würde Monika[5] sich ja auch besinnen, vielleicht würden wir beide uns doch wieder umarmen. Eine, die man in Hass oder Wut verstößt, bittet man doch nicht um Treue! Ein wenig später schreibst du: »Und doch heilte jene Wunde nicht, die mir die Losreißung von der früheren Gefährtin geschlagen hatte; nach dem wühlenden Schmerz der Entzündung ging sie in Fäulnis über, und ihr gleichsam nun kälteres Schmerzen ließ

2 d.h. Gott. Die *Bekenntnisse* (lat. *Confessiones*), auf die Floria Bezug nimmt, hat Augustinus an Gott gerichtet.

3 Bekenntnisse VI,15

4 Floria verwendet den lateinischen Namen *Mediolanum.*

5 Die Mutter des Augustinus

umso weniger Hoffnung.«[6] Nun ja, auf Empfindsamkeit und Schmerz werde ich noch zurückkommen, und auf die Fäulnis auch.

Wie wir beide wissen, wurde ich dir nicht nur entrissen, weil Monika eine passende Braut für dich gefunden hatte. Diesen Grund führte Monika natürlich an, sie dachte an die Zukunft der Familie. Oder war sie auch ein wenig eifersüchtig auf mich? Darüber habe ich mir oft Gedanken gemacht. Ich werde niemals den Frühling vergessen, als sie plötzlich in Mailand angestürmt kam und sich gewissermaßen zwischen uns stellte.

Aber ihr habt beide beschlossen, mich fortzuschicken, und das geschah nicht vor allem aufgrund der geplanten Ehe, es gab jedenfalls noch einen zweiten Grund. Du hast mich verstoßen, weil du mich zu sehr geliebt hast, behauptest du. Normalerweise behält man den geliebten Menschen doch bei sich, aber du hast das Gegenteil gemacht. Und zwar, weil du schon angefangen hattest, die sinnliche Liebe zwischen Mann und Frau zu verachten. Du hast geglaubt, ich bände dich an die Welt der Sinne, und deshalb könntest du dich nicht auf dein Seelenheil konzentrieren. Folglich wurde auch aus deiner Eheschließung nichts. Es ist Gottes Wille, dass der Mann enthaltsam lebe, schreibst du. An einen solchen Gott glaube ich nicht.

Welche Untreue, Aurel! Welch sublimen Verrat du begingst, als du mich fortgeschickt hast! In deinem Herzen hingst du noch an mir, und dein Herz wurde bis aufs Blut verletzt. Das war bei meinem Herzen übrigens auch der Fall, falls das von irgendeiner Bedeutung sein sollte, denn wir waren zwei Seelen, die voneinander fortgerissen wurden, oder zwei Körper, wenn du so willst, oder eigentlich zwei Seelen in einem Leib. Deine Wunde wollte nicht heilen, sie brannte und schmerzte heftig, ehe sie dann in Fäulnis überging und nun gleichsam kälter schmerzte. Aber warum? Weil du dein eigenes Seelenheil mehr liebtest als mich. Was für Zeiten, verehrter Bischof, was für Sitten![7]

Hast du nie über das nachgedacht, was damals wirklich passiert ist? Aus deinen Bekenntnissen geht das nicht hervor. Aber ist es nicht gerade eine verschärfte Form von Untreue, die

6 Bekenntnisse VI,15

7 *O tempora, o mores!* Cicero verwendet diesen Ausruf in mehreren seiner Reden. Wenn Floria immer wieder auf römische Dichter und Philosophen anspielt, dann will sie damit vielleicht betonen, dass sie eine belesene Frau ist.

Geliebte um des eigenen Seelenheils willen zu verlassen? Könnte eine Frau es nicht eher ertragen, von ihrem Mann verlassen zu werden, weil dieser heiraten wollte – oder weil er ganz einfach eine andere vorzog? Aber in deinem Leben gab es keine andere Frau, es gab nur deine Seele, die dir lieber war als ich. Deine eigene Seele, Aurel, die wolltest du retten, diese Seele, die einst bei mir Ruhe gefunden hatte. Du hattest nie den Wunsch zu heiraten, nicht, solange du mich hattest, sprachst du von Eheschließung als deiner Sohnespflicht. Und du hast ja auch nicht geheiratet. Deine Braut war nicht von dieser Welt.

Und dann war da noch unser Sohn, und vor dem Angesicht Gottes: Ich war so sehr Adeodatus' Mutter, wie du sein leiblicher Vater warst. Ich habe ihn zur Welt gebracht, ich habe ihn gestillt, denn eine Amme konnten wir uns nicht leisten. Und ich hätte ihn bei dir zurückgelassen, schreibst du. Das tut keine Mutter freiwillig, keine verlässt ohne die allertiefste Trauer ihren einzigen Sohn. Aber ohne dich an meiner Seite durfte ich keine Ansprüche stellen, ich besaß ja kein Vermögen. Wollte Monika dich nicht deshalb mit einem Mädchen von Rang und Stand verheiraten? Ich glaube, es war ein Grieche, der gesagt hat: »Gerechtigkeit gibt es nur unter Gleichen.«[8]

Im neunten Buch bittest du Gott, deine Bekenntnisse wie auch die zahllosen Begebenheiten entgegenzunehmen, die du schweigend übergehst. Zu diesen verschwiegenen Begebenheiten gehört unsere letzte Begegnung, und vielleicht denkst du gerade an sie, denn du erwähnst mit keinem Wort, was dich ein ganzes Jahr vor deiner Heimreise gen Afrika nach Rom geführt hat. Ich finde dieses Verschweigen fast schändlich, wo du schon mit so viel Mühe und Anstrengung deine Bekenntnisse aufgeschrieben hast.

Wie denkst du heute über das, was damals in Rom passiert ist? Wie konnte uns das widerfahren, Aurel? Vielleicht hat deine geistige Selbstzerfleischung gerade in dieser elenden Kammer auf dem Aventin angefangen. Vielleicht hast du erfahren, dass es mir gelungen war, mit halbwegs heiler Haut Ostia zu erreichen. Hier fand ich beinahe sofort eine Überfahrt, und die Seereise verlief den Umständen entsprechend gut, immerhin gelangte ich nach Hause, nach Kar-

8 Ich habe nicht feststellen können, welchen Griechen Floria hier meint.

thago. Auch diesmal hattest du die Fracht arrangiert. Ich wurde zum zweiten Mal nach Afrika heimgeschickt, fast wie eine Handelsware. Das ist jetzt lange her, und die Wunden sind geheilt.

Seit ich damals, vor fast fünfzehn Jahren, aus Mailand heimgekehrt bin, wandere ich in deinen Fußstapfen. Oder vielleicht sollte ich sagen, dass ich unsere alten Wege in Karthago gegangen bin. Zuerst las ich alle philosophischen Werke, die ich überhaupt nur finden konnte. Ich musste einfach wissen, wodurch die Philosophie ein liebendes Paar voneinander trennen konnte. Wenn du dich einer anderen Frau hingegeben hättest, hätte ich sie vielleicht sehen wollen. Aber meine Rivalin war keine andere Frau, die ich mit dem bloßen Auge betrachten konnte, sondern ein philosophisches Prinzip. Um dich besser zu verstehen, musste ich also ein Stück weit denselben Weg gehen wie du. Ich musste Philosophie studieren.

Meine Rivalin war nicht nur *meine* Rivalin, sondern die Rivalin jeder Frau, der Todesengel[9] der Liebe überhaupt. Du selber nennst sie »Enthaltsamkeit«. Im achten Buch, Aurel! Du schreibst: »Denn auf jener Seite, nach der ich mein Auge gewendet hatte, aber den Weg zu gehen zitterte, trat in reiner Würde die Keuschheit hervor, heiter, doch nicht ausgelassen fröhlich, in

Züchten liebewerbend, dass ich käme ohne Säumen, und streckte mir, mich aufzunehmen und in ihre Arme zu schließen, die frommen Hände entgegen.«[10]

Hier sagst du sehr viel mit sehr wenigen Worten.[11] Du versuchst nicht einmal zu verhehlen, wie du dich verführen ließest. Ich will auch nicht leugnen, dass mein Herz vor Eifersucht brannte, als ich diesen Abschnitt las. Denn genauso hast du dich damals, als wir noch ganz jung waren, mir hingegeben. Habe ich denn nicht versucht, dich »in Züchten liebewerbend« in meine Arme zu schließen? Ich würde gern mit Horaz sagen: Wenn dumme Menschen einen Fehler vermeiden wollen, dann begehen sie den entgegengesetzten.[12]

Als Erstes las ich Cicero, so wie du.[13] Über ihn

9 *Obitus veneris,* eigentlich »Untergang der Liebe«

10 Bekenntnisse VIII,11

11 *Multa paucis*

12 *Dum vitant stulti vitia in contraria currunt.*

13 Cicero (106–43 v. Chr.), römischer Staatsmann, Redner und Philosoph, trug in hohem Maße zum Bekanntwerden griechischer Philosophie in Rom bei. Philosophisch gesehen könnten wir ihn wohl als Eklektiker bezeichnen, d. h. als jemanden, der versucht, das Beste aus verschiedenen philosophischen Systemen zu einem einzigen zu verschmelzen. Die Schrift, die Augustinus in seinen *Confessiones* erwähnt, ist nicht erhalten.

schreibst du in deinem dritten Buch: »Doch hatte ich an jener Aufforderung Ciceros allein schon darum meine Freude, weil ihr Wort mich erweckte, begeisterte, befeuerte, nicht für diese oder jene Philosophenschule, sondern für die Weisheit selbst, was sie auch sei, mich zu entscheiden, sie zu erstreben, sie zu erlangen.«[14] Und die Weisheit, Aurel, hat mich nun dazu gebracht, die Philosophen und die großen Dichter zu lesen. Ich habe auch die vier Evangelien studiert. Seit wir auseinander gerissen worden sind, habe ich mein Leben ganz und gar Weisheit und Wahrheit gewidmet[15] – so, wie du einst dein Leben der Enthaltsamkeit geweiht hast. Du bist mir noch immer lieb, obwohl ich heute hinzufügen muss, dass Wahrheit und Weisheit mir noch lieber sind.[16] Ich gelte nun als gelehrte Frau und gebe hier in Karthago Privatunterricht. Findest du das nicht auch ein wenig witzig – dass ich jetzt Rhetorik unterrichte? Oder hast du auch deinen Sinn für Humor eingebüßt? In deinen Bekenntnissen ist nicht viel Humor zu bemerken, Aurel. Das war bei uns beiden anders. Wir konnten von Sonnenuntergang bis Sonnenaufgang lachen und scherzen. Heute ist Humor für dich sicher gleichbedeutend mit »Sinnenlust« und »Genusssucht«.

Ich danke dir aber trotzdem für deine Bücher. Keine andere Schrift[17] hat mich besser verstehen lassen, warum du dich erst von mir trennen wolltest, um darauf zu warten, dass ein Mädchen von elf Jahren alt genug würde, um dich zu heiraten – und warum du dann die Göttin erwählt hast, die du Enthaltsamkeit nennst. Ich danke dir dafür, dass du so offen und aufrichtig schreibst. Dass dein Gedächtnis dir bisweilen einen Streich spielt, ist etwas ganz anderes und einer der Gründe, aus denen ich schreibe. Tacitus sagt, dass Frauen einen Verlust betrauern, Männer sich jedoch daran erinnern sollten.[18] Aber du erinnerst dich nicht einmal, Aurel!

Vor mir liegen drei Briefe. Den einen hast du aus Mailand geschickt, gleich, nachdem du beschlossen hattest, doch nicht zu heiraten. Er war nicht viele Monate nach meiner erzwungenen

14 Bekenntnisse III,4

15 Floria spielt auf einen Ausdruck in Juvenals Satiren an (*Vitam impendere vero*).

16 Eine Anspielung auf folgende, Aristoteles zugeschriebene, Aussage: *Amicus Plato, sed magis amica veritas.* (Platon ist mir lieb, aber die Wahrheit ist mir noch lieber.)

17 Ich nehme an, dass Floria hier an philosophische Schriften anderer Autoren denkt.

18 *Feminis lugere honestum est, viris meminisse.*

Abreise geschrieben. Dann bekam ich nach Monikas Tod deinen Brief aus Ostia. Es war so lieb von dir, auch Adeodatus einen kleinen Gruß an seine Mutter schreiben zu lassen. Zwei Jahre später erhielt ich dann noch einen Brief. Damals war dir der arme Junge genommen worden. Hat dich damals jemand weinen sehen? Denn du glaubst doch wohl nicht, der Junge sei krank geworden und gestorben, weil wir ihn in Sünde gezeugt hatten? Mein Grund zu dieser Frage ist etwas, das du in deinem neunten Buch schreibst. Hier bezeichnest du Adeodatus als »die Frucht meiner Sünde«. Dann fügst du allerdings hinzu, dass Gott der »Schöpfer aller Wesen« sei und »machtgewaltig, unserm Missgetanen wohl zu tun«.[19] Denn dein einziger Anteil an dem Jungen war die Sünde, schreibst du. Du solltest dich schämen, Aurel, du hast ihm doch den Namen Adeodatus[20] gegeben! Du glaubst doch wohl nicht, der Herr habe den Jungen aus dem Weg geschafft, um dir bei deiner Karriere als Priester und Bischof zu helfen? Möge Er in Gnade auf deine Irrungen herabblicken!

Ein Sohn stirbt, Aurel. Ich finde, du hättest zu mir kommen sollen, dann hätten wir ein wenig zusammen weinen können, du und ich. Du warst noch nicht zum Priester geweiht, und verlobt warst du auch nicht mehr, und Adeodatus war unser einziger Sohn. Aber vielleicht hast du dich nach allem, was in Rom passiert ist, so geschämt, dass dir der Mut fehlte, um mir unter die Augen zu treten? Oder hattest du Angst, dasselbe könnte noch einmal geschehen?

Ich begreife überhaupt nicht, warum dir das Weinen so schwer fällt. Neuntes Buch, Aurel! Hältst du es wirklich für zu fleischlich, Trauer zu zeigen? Du hast es nicht einmal deinem eigenen Sohn erlaubt, seinen Tränen freien Lauf zu lassen, als er Abschied von seiner Großmutter nehmen musste. Ich meine, es ist wohl »fleischlicher«, die Tränen zurückzuhalten, denn wenn wir uns nicht ausweinen, bleibt die Trauer oft als schwere Last in uns stecken. Friede der Erinnerung des Jungen!

19 Bekenntnisse IX,6
20 Der von Gott Gegebene

II

Der Priester hier in Karthago hat mir deine Bekenntnisse geliehen, wie gesagt. Vergib mir, dass ich einige Abschnitte abgeschrieben habe, um sie ausführlicher zu kommentieren. Ich hoffe, du hast die Geduld, meine Überlegungen mit offenem Sinn zu lesen. Oder meine Bekenntnisse, wenn du so willst. Denn ich betrachte diesen Brief als etwas mehr als nur einen persönlichen Gruß von mir an dich; es ist auch ein Brief an den Bischof von Ḥippo. Die Jahre sind vergangen, und vieles hat sich verändert, seit wir beide uns zuletzt umarmt haben. Und vielleicht schreibe ich ja auch einen Brief an die ganze Christenheit, denn schließlich bist du heute ein sehr einflussreicher Mann.

Ich muss zugeben, dass gerade dieser Gedanke mir Angst macht, aber ich flehe Gott an, die Kirchenmänner auch die Stimme einer Frau hören zu lassen. Vielleicht erinnerst du dich an etwas, das ich an dem Morgen zu dir gesagt habe, als wir über das Forum Romanum gingen und sahen, dass eine dünne Schneeschicht den Palatin bedeckte. Ich sprach von Senecas

Tragödie »Medea«, die ich gerade gelesen hatte. Darin heißt es, dass man auch die andere Seite hören sollte, und die andere Seite, das bin doch ich![21]

Das erste Buch fängt so verheißungsvoll damit an, dass du Weisheit und Größe Gottes preist, »aus dem alles, durch den alles, in dem alles«.[22] Und dann berichtest du von deiner frühen Kindheit, auch wenn ich glaube, dass viele Episoden in Wirklichkeit aus Adeodatus' ersten Lebensjahren stammen. Aber schon hier taucht der düstere Unterton auf, der sich wie ein roter Faden durch alle deine Bücher zieht: »Ist vor Dir doch keiner rein an Sünde, auch das Kind nicht, das nur einen Tag lang auf der Erde ist... nun sind ja Kindesglieder harmlos in ihrer Schwäche, aber nicht das Kinderherz.« Und warum nicht? Weil du einen

21 Seneca sagt zwar, dass auch die andere Seite gehört werden solle, aber Floria formuliert das in ihrem Brief anders. Hier wird das dialektische Prinzip so ausgedrückt, wie es Augustinus in seiner Schrift *De duabus animabus* (aus dem Jahre 391) schreibt: *Audiatur et altera pars.* Floria kann diese Schrift des Augustinus natürlich gekannt haben. Ich stelle mir aber lieber vor, dass sich Augustinus in *De duabus animabus* so ausdrückt wie Floria im Winter 388 auf dem Forum Romanum.

22 Bekenntnisse I,7. Vgl. Römer 11,36

kleinen Jungen gesehen hast, der »bleich, aber mit bitterbösem Blick« seinen Milchbruder anstarrte, weil der ebenfalls die Brust bekam. Armer Aurel! Dass das Kind die Brust haben will, hat nichts mit Bosheit zu tun. Du schreibst ja auch, dass »Du, Herr, mein Gott... begabtest seinen Leib mit Sinnen, aus Gliedern ihn erbautest, ihn durch Wohlgestalt in Ehre setztest und zu seiner Verwirklichung mit allen Trieben der Lebendigkeit erfülltest«.[23] Aber das erscheint dir nicht als etwas Schönes und Gutes, im nächsten Moment jammerst du schon wieder, weil du »in Bosheit empfangen« und im Mutterschoß »in Sünden genährt« worden seist. Oder in Liebe, geehrter Bischof, das Kind wird in Liebe empfangen, so schön und weise hat Gott die Welt eingerichtet, dass es nicht durch Knospung passiert.

Du glaubst außerdem, in der Tatsache, dass Monika dich nicht als Kind taufen ließ, einen tieferen Sinn zu erkennen. »Denn hinterher, nach dem Taufbad – so war die Rechnung –, würde meine Schuld am Sündenschmutz noch größer und strafwürdiger sein.«[24] Sünde und Schuld – weil Gott uns als Mann und Frau geschaffen hat, mit einem reichen Register an Sinnen und Bedürfnissen. Oder an Trieben, wenn du so willst, oder an prickelnden Lüsten, Aurel, dir kann ich das doch offen sagen, schließlich warst du einst mein kleiner fingerfertiger Bettgesell. Selbst deine jugendliche Vorliebe für die Geschichte von Dido und Aeneas fügst du deinem lebenslangen Sündenregister hinzu.

In allen deinen Büchern schreibst du unablässig über »Sinnenlust« und »sündhafte Lüste«. Bist du je auf den Gedanken gekommen, dass du vielleicht derjenige bist, der Gottes Geschenken Verachtung entgegenbringt? Ich habe mir überlegt, dass deine Verachtung der Sinnenwelt wohl eher von den Manichäern[25] und den Platonikern stammt als vom Nazarener selber.

In deinem zehnten Buch betonst du dann ganz konsequent deine Verachtung nicht nur der Sinnenwelt und damit Gottes Schöpfung, sondern auch der Sinne selber – die ebenfalls von Gott er-

23 Bekenntnisse I,7

24 Bekenntnisse I,11

25 Der Manichäismus war eine religiöse Glaubensrichtung, die zu Lebzeiten des Augustinus viele Anhänger fand. Es handelte sich um eine halb religiöse und halb philosophische Heilslehre, die auf der Vorstellung basierte, dass die Welt zweigeteilt ist, zwischen Gut und Böse, Licht und Finsternis, Geist und Materie. Durch ihren Geist können die Menschen sich über die Welt der Materie erheben und damit ihr Seelenheil retten.

schaffen worden sind, möchte ich meinen. »An der Lockung von Wohlgerüchen ist mir nicht viel gelegen. Sind sie nicht da, so such ich sie nicht; sind sie da, so verschmäh ich sie nicht, aber ich wäre bereit, sie für immer zu entbehren.«[26] Und du schämst dich tatsächlich, weil du dich noch immer dabei ertappen kannst, dass du etwas isst, weil es dir gut schmeckt. Aber nun hat Gott dich gelehrt, Nahrung so zu dir zu nehmen wie Medizin. Ich gratuliere[27] – obwohl mir bei dem bloßen Gedanken schon schlecht wird. »Auch, wenn man nur des Lebens wegen isst und trinkt, gesellt sich doch als Begleiterin eine gefährliche Wohlempfindung bei, ja sie gewinnt zumeist den Vorsprung, dass nun der Lust wegen das geschieht, wovon ich sage, ja auch möchte, ich täte es nur der Gesundheit wegen.«[28] Nein, ach und weh, Bischof, denn was, wenn etwas dem Gaumen und der Gesundheit gleichermaßen wohl tut? Ich selber halte mich an die schlichten Worte des Horaz, und zwar mit dem besten Gewissen der Welt: Es macht Spaß, sich ab und zu gehen zu lassen.[29]

Du musst essen, Aurel, und du darfst dir das Essen schmecken lassen. Du hast doch wohl nicht auch noch aufgehört, dich zu waschen? Wenn du eine schöne Blume siehst, dann darfst du daran riechen. Obwohl du das ja heute als »körperliches Begehren« bezeichnest. Du solltest dich schämen. Aber nichts ist so absurd, dass es nicht von einem Philosophen gesagt werden könnte, schreibt Cicero.[30] Vermutlich könnten wir dasselbe auch von den Theologen behaupten. Weißt du noch, wie wir zusammen über den Arno gegangen sind? Plötzlich bliebst du stehen und wolltest an meinen Haaren riechen. Warum wolltest du das, Aurel? Meldete sich dabei wieder das »Gelüst des Fleisches« zu Wort? Ich glaube das nicht, nein, ich glaube, dass du einmal gewusst hast, was wirkliche Liebe ist, aber ich fürchte, dass du es inzwischen vergessen hast.

Im zweiten Buch schreibst du über deine Jugendjahre in Tagaste, wo du das »verderbliche Werk des Fleisches an meiner Seele«[31] erleiden musstest. Du schreibst: »Und was war es anderes, was mich freute, als zu lieben und geliebt zu

26 Bekenntnisse X,32

27 *Plaudite!* Eigentlich »Applaus!«

28 Bekenntnisse X,31

29 *Dulce est desipere in loco.*

30 *Nihil tam absurdum dici potest ut non dicatur a philosopho.*

31 Bekenntnisse II,1

werden? … Nebeldünste stiegen aus dem sumpfigen Gelüst des Fleisches und dem Strudel sich regender Mannbarkeit, und sie verwölkten und verdunkelten mein Herz, dass sich der heiter ruhige Glanz der Liebe nicht mehr unterscheiden ließ von der Finsternis der Wollust. Beides wogte durcheinander und schleifte meine wehrlose Jugend durch Abgründe von Leidenschaften und riss sie hinein in einen Wirbel von Schändlichkeiten.«[32]

Ich glaube, du prahlst hier ein wenig, Aurel. Wie die meisten Knaben verfügtest du wohl über eine ziemlich lebhafte Fantasie. Als ich dich einige Jahre später dann kennen lernte, teilte ich mein Lager mit einem ziemlich unbeholfenen und unerfahrenen Jüngling. Du schreibst ja auch selber, dass du dich schämtest, weil du nicht dieselben Erfahrungen hattest, wie deine Freunde sie angeblich besaßen. Sie prahlten mit ihren »schändlichen Lastern«, schreibst du. Und dann machst du das auch. Ja, das ist kindisch, findest du nicht? Aber schändlich? Das Schändlichste von allem ist vielleicht, dass sich der Bischof von Hippo Regius noch immer über solche Kindereien den Kopf zerbricht. Einem Bischof sollte nichts Menschliches fremd sein[33], und Knaben sind nun einmal Knaben, das war immer schon so. Du verkneifst dir nicht einmal die Erwähnung deiner entsetzlichen »Schandtat«, die du in deinem sechzehnten Lebensjahr begangen hast: Damals hast du zusammen mit zwei weiteren Jungen aus einem fremden Garten Birnen gestohlen![34]

Und dann wirst du plötzlich ernster. Zuerst beziehst du dich auf das Wort des Apostels Paulus, es sei »gut für den Mann, kein Weib zu berühren«.[35] Oh, lieber Aurel, warum zitierst du nur diesen einen Satz? Ich glaube, auch das verdankst du den Manichäern. Hast du nicht auf der Rhetorikschule gelernt, wie gefährlich es sein kann, einen einzelnen Satz aus seinem Zusammenhang zu reißen? Paulus schreibt durchaus, es könne gut für einen Mann sein, kein Weib zu berühren, aber, fügt er hinzu, um Unzucht zu verhindern, soll jeder Mann seine Frau und jede Frau ihren Mann haben. Und er betont, dass Frau und Mann ein Fleisch sein und sich einander im-

32 Bekenntnisse II,2

33 Anspielung auf das bekannte Zitat des Terenz: *Homo sum; nihil humanum a me alienum puto* (Ich bin ein Mensch, und nichts Menschliches ist mir fremd).

34 Bekenntnisse II,6

35 Bekenntnisse II,2

mer wieder hingeben sollen, damit sie nicht zum Ehebruch verlockt werden, weil sie einfach nicht enthaltsam leben können.[36]

Die Frage ist, ob es besonders klug ist zu glauben, wir könnten von »sündhaften Gelüsten« geheilt werden, indem wir uns für die Enthaltsamkeit entscheiden. Dieses Thema scheint dir mehr zu schaffen zu machen als den meisten Männern in deinem Alter, obwohl es schon fast fünfzehn Jahre her ist, dass du dich Mutter Enthaltsamkeit in die Arme geworfen hast. Nun gut, du hast ja auch einen kleinen Rückfall erlitten. Wenn du die Natur mit der Heugabel vertreibst, schlüpft sie doch wieder herein, schreibt Horaz.[37] Falls man nicht zu radikaleren Mitteln greift, denn jetzt kommt es: Du schreibst, das Beste wäre es, wenn du dich in deiner Jugend um des Himmelreiches willen entmannt hättest.[38] Dann könntest du nämlich in glücklicherer Stimmung auf die Umarmung Gottes warten. Armer Aurel! Wie du dich schämst, dass du ein Mann bist, und dabei warst du doch mein kleiner Hengst! Sogar jetzt noch – nachdem du schon vor so vielen Jahren die Enthaltsamkeit zu deiner Braut gemacht hast – selbst jetzt klagst du dem Herrn noch, dass dir eine Frau an deiner Seite fehlt. Im zehnten Buch, Bischof, da schreibst du: »Aber in meinem Gedächtnis, von dem ich jetzt so viel gesprochen, da sind lebendig noch die Bilder von solchen Dingen, die meine Gewohnheit dort befestigt hat. Sie drängen sich im Wachen, freilich ohne Kraft, heran, im Schlafe aber wird daraus ein Wohlgefallen, mehr noch, schon ein Ja und Tun so ganz nach ihresgleichen.«[39]

Ich deute dieses Geständnis so, dass du dich noch immer nicht entmannt hast. Ist so sogar möglich, dass ich dir ab und zu fehle? Ist es möglich, dass die Erinnerungen an mich und unsere »Gewohnheiten« dich nachts im Traum besuchen? Denn du hast es doch nicht getan, Aurel? Du, der einst mein stolzer Bettpfosten war! Warum hast du dich nicht auch noch geblen-

36 Florias Verärgerung darüber, dass Augustinus dieses Zitat aus seinem Zusammenhang reißt, ist verständlich. Vgl. Kor. 7,1–7

37 *Naturam expellas furca, tamen usque recurret.*

38 Bekenntnisse II,2. Vgl. Matt. 19,12. Diese Stelle des Matthäus-Evangeliums hat einzelne Christen veranlasst, sich zu kastrieren. Zu ihnen gehörte auch der Kirchenvater Origenes (184–254). In der *Vulgata,* der lateinischen Bibelübersetzung, die Augustinus benutzte, heißt es: *Sunt enim eunuchi qui de matris utero sic nati sunt; et sunt eunuchi qui facti sunt ab hominibus; et sunt eunuchi qui se ipsos castraverunt propter regnum caelorum; qui potest capere capiat.*

39 Bekenntnisse X,39

det? Das hat Oedipus getan.[40] Warum hast du dir nicht die Zunge abgeschnitten? Denn sicher sehnst du dich noch immer nach meinen Küssen!

Ich glaube, dass auch dein Geschlecht auf seine Weise ein Sinnesorgan war. Oder etwa nicht, Aurel? Jedenfalls schreibst du immer wieder von »Sinnenlust«, auch, wenn du dabei an die Lust der Liebe denkst. Oder glaubst du, dass deine Augen oder deine Ohren mehr von Gott geschaffen sind als dein Geschlecht? Meinst du, dass einzelne Teile des menschlichen Körpers Gott weniger gelten als andere? Ist dein Mittelfinger zum Beispiel neutraler als deine Zunge? Diesen Finger hast du nämlich auch benutzt!

III

Im dritten Buch beschreibst du, wie du damals als junger Student nach Karthago gekommen bist. »Es brodelte um mich her von schändlichem Liebestreiben – wie das Wallen in einem kochenden Kessel. Noch liebte ich nicht und liebte doch Liebe, und-aus tiefgeheimem Ungenügen hasste ich mich, dass mir zu wenig am Genügen lag; ich suchte, das Lieben liebend, was ich lieben könnte.«[41]

Und dann fandest du mich. Du warst erst seit einem Jahr in der Stadt, als wir uns kennen lernten, ich selber war dort geboren. Wir waren beide neunzehn Jahre alt. Ich weiß noch, dass ich mit drei oder vier Studenten unter einem Feigenbaum saß. Einen der Studenten kanntest du, und du kamst auf uns zu; ich kniff in der hellen

40 Aus der Tragödie *König Oedipus* des Sophokles. Als Oedipus schließlich erkannte, dass er seinen Vater (Laios) getötet und seine Mutter (Iokaste) geheiratet hatte, stach er sich mit der Gewandnadel der Iokaste beide Augen aus.

41 Bekenntnisse III,1

Sonne die Augen zusammen und schaute zu dir hoch. Das hat dich offenbar gefesselt, denn du hieltest meinen Blick fest, starrtest ein- oder zweimal ratlos zu Boden, dann suchtest du ihn wieder. Ich hatte fast schon das Gefühl, ein Leben mit dir zusammengelebt zu haben. Ich wusste sofort, dass ich dich mit Leib und Seele lieben würde. Dass das noch in derselben Nacht geschehen sollte, konnte ich weder befürchtet noch erträumt haben, doch wenn ich es geahnt hätte, dann wäre vielleicht beides zugleich der Fall gewesen.

Es war nicht weiter außergewöhnlich, dass ich mit Studenten zusammensaß, aber du schienst ein wenig erstaunt darüber zu sein, dass ich mich wie sie am Gespräch beteiligte. Als du und ich dann allein waren, war das auch eines unserer ersten Gesprächsthemen. Zuerst diskutierten wir mit den anderen über Vergil, dann über Leben und Liebe ganz allgemein. Ich glaube, ich weiß noch, dass du mit einer gewissen Verwunderung reagiertest, als ich ganz selbstverständlich Didos Liebestat[42] verteidigte. Dein Blick schien mich zu fragen, ob eine Frau einen Mann wirklich so sehr lieben kann, dass sie sich das Leben nimmt, wenn er sie verrät.

Ich weiß nicht, ob es daran lag, dass wir über

Dido und Aeneas sprachen, aber jedenfalls fragtest du nun plötzlich, ob ich je in Rom gewesen sei. Mir kam diese Frage seltsam, sehr seltsam vor, wir kannten uns doch noch gar nicht, dennoch wolltest du wissen, ob ich je in Rom gewesen sei. Ich glaube, ich hielt diese Frage für eine Art Antrag, denn du fügtest ganz eilig hinzu, dass du selber Rom auch noch nie besucht hattest, dass du aber eines Tages unbedingt hin wolltest. Da wir gerade über Dido gesprochen hatten, schienst du mich durch diese Frage zur Königin von Karthago zu machen und, da ich diese sagenhafte Königin so leidenschaftlich verteidigt hatte, durch deine Frage anzudeuten, dass du mich mit nach Rom nehmen würdest, wenn ich dich nur erhörte, denn du würdest mich niemals dasselbe Schicksal erleiden lassen wie sie. Damals wusste ich noch nicht, dass wir beide so viele Jahre später dann wirklich nach Rom fahren würden. Auf

42 Aus der *Aeneis* des Vergil. Aeneas wird nach einem Schiffbruch in Karthago an Land gespült und verliebt sich in Dido, die Königin von Karthago. Aeneas muss jedoch noch eine große Aufgabe erfüllen. Er befreit sich von Didos Liebe und begibt sich nach Italien, um dort ein großes Reich zu gründen, das spätere Rom. Er zeigt dabei keinerlei Mitleid mit Dido und ihrem tragischen Schicksal. Am Ende begeht sie aus Liebeskummer Selbstmord.

jeden Fall hat alles auf irgendeine Weise mit der Abreise des Aeneas aus Karthago angefangen. Vielleicht sollte ich noch hinzufügen, dass damit auch alles aufgehört hat. Wie Aeneas hattest auch du einen Auftrag auszuführen, den du für größer und wichtiger hieltest als deine Liebe in Karthago.

Am Ende saßen wir allein unter dem Feigenbaum. Schon damals müssen wir etwas an uns gehabt haben, das den anderen Angst machte, etwas Starkes und Dichtes, unsichtbar Verschworenes. Dann brachtest du mich nach Hause zu meiner kleinen Kammer und bliebst dort über Nacht. Anderthalb Jahre später bekamen wir einen Sohn, und wir trennten uns nur, weil Monika oder die Enthaltsamkeit uns auseinander rissen und uns beiden blutende Wunden zufügten.

Unsere Beziehung hatte von Anfang an auf einem starken sinnlichen Fundament geruht, denn wir huldigten beide der Venus, zeitweise waren wir beide gleichermaßen unermüdlich. Wenn ich heute deine Bekenntnisse lese, kommt mir aber doch das schmerzliche Gefühl, dass das, was du heute als das »Sinnliche« bezeichnest, das Einzige war, was uns verband. Du kommst mir fast übereifrig vor, wenn es um

Reue und Buße für dein früheres Leben geht, für die Zeit also, in der du dich noch nicht ganz und gar der Enthaltsamkeit ergeben hattest. Ist es wirklich Gott, und sind es nicht ebenso sehr deine Reue und deine Zweifel, die du zu beschwören versuchst?

Vielleicht schämst du dich heute vor allem unserer tiefen Freundschaft. Viele Männer schämen sich mehr für ihre Freundschaft zu einer Frau als für ihre sinnliche Liebe zu ihr. Und dann machen sie die sinnliche Liebe dafür verantwortlich, dass sie für eine Frau auch aufrichtige Freundschaft hegen können. Das zeigt sich leider umso deutlicher, je besser diese Männer philosophisch geschult sind, und ich mache vor allem die Manichäer und die Platoniker dafür verantwortlich. Ich glaube, du hast mich auf neue Weise gesehen, nachdem du »Phaidon«[43] gelesen hattest, und nach deiner Lektüre des Porphyrios[44] wurde die Sache auch nicht besser. So viele Köpfe, Aurel, so viele Ansichten![45] Wirklich Unrat witterte ich je-

43 *Phaidon,* Dialog des Platon, in dem Sokrates die Argumente für die Unsterblichkeit der Seele diskutiert.

44 Porphyrios (232–304), neoplatonischer Philosoph, Schüler des Plotin.

45 Nach Horaz: *Quot capita, tot sensus.*

doch erst, als du anfingst, mich Eva zu nennen. Damals waren wir aber schon in Mailand. Es war zu der Zeit, als du dir alle Mühe gabst, in den Kreis des Ambrosius[46] aufgenommen zu werden.

Du selber schreibst, dass deine Seele zu jener Zeit nicht stark und gesund gewesen sei. »Und also fand sich übel meine Seele, und voller juckender Schwären warf sie sich nach draußen in ihrer Gier, sich – jammervoll genug – zu scheuern an den Sinnendingen. Aber sie mussten doch Seele haben, denn anders könnte man sie nicht lieben.«[47]

Du verhehlst also nicht, wie tief und innig du heute Venus verachtest. Sie, Aurel, die die mit Edelsteinen gepflasterte Brücke zwischen unseren beiden einsamen und verängstigten Seelen war. Aber damit nicht genug. Jetzt verachtest du auch alle anderen sinnlichen Freuden. Und mehr noch, mehr: Du verachtest zu allem Überfluss die Sinne selber. Wahrlich, du bist zum Eunuchen geworden.

Ich verstehe nicht, wie du unsere Geheimnisse abtun kannst, indem du sie schnöde als »Sinnenlust« oder »Vergnügungssucht« bezeichnest. Auf jeden Fall konnte ich das nicht verstehen, solange ich nicht in deinem zehnten Buch gelesen hatte, dass du heute alle Sinne und alles verachtest, was sie unserer Seele an Frucht und Wein bringen. Und damit noch immer nicht genug. Vor Gott prahlst du damit, wie tief du jetzt Seine ganze Schöpfung verachtest. Und zwar, weil du vor deinem inneren Auge einen »Strahlenglanz« gesehen haben willst.

Ich werde jedenfalls deine verspielten Hände und deine schlagfertigen Bemerkungen nicht vergessen. Ich sehe, dass du dich unter den Theologen verirrt hast. Was für ein elendes Gewerbe! Wie kann das Kleine das Große verwalten! Wie kann das Werk den Meister definieren? Ja, wie kann das Werk beschließen, nicht mehr Werk sein zu wollen?

Wir sind als Menschen erschaffen, Aurel. Und wir sind als Mann und Frau erschaffen. In seiner Schrift über das Alter sagt Cicero so ungefähr, dass der Jüngling sich nicht die Stärke des Löwen oder des Elefanten wünscht. Wir sollen nicht versuchen, als etwas anderes zu leben denn als das, was wir sind. Wäre das nicht Gotteslästerung? Wir sind Menschen, Aurel. Zuerst müssen wir

46 Ambrosius (339–397) war ein hoher Staatsbeamter, ehe er zum Bischof von Mailand gewählt wurde.

47 Bekenntnisse III,1

leben, und dann – ja, dann können wir philosophieren! [48]

War ich für dich denn nur ein Frauenkörper? Du weißt, dass es nicht so war! Und wie kannst du zwischen Körper und Seele unterscheiden? Mischst du dich da nicht in Gottes Schöpfung ein? O doch, genau das tust du, mein treuloser Tiger. Als du mich mit deinen scharfen Liebkosungen zerkratzt hast, hast du dabei auch meine Seele zerkratzt.

Du schilderst in deinem vierten Buch so schön die Freundschaft, aber dabei denkst du nur an die Freundschaft unter Männern. »Mitsammen plaudern und mitsammen lachen und sich einander gefällig erzeigen; gemeinsam schöne Bücher lesen, gemeinsam scherzen und sich gemeinsam Artigkeiten sagen; bisweilen sich veruneinen ohne Hass, so wie man wohl einmal es mit sich selbst erfährt, und eben durch die seltene Uneinigkeit die herrschende Eintracht würzen; einander belehren und lernen voneinander; die Ausbleibenden schmerzlich vermissen, die Erscheinenden herzlich begrüßen; durch solche und ähnliche Zeichen, die bei Liebe und Gegenliebe aus dem Herzen sich äußern in Miene und Wort, im Auge und in tausend freundlichen lieben Gebärden, wie durch immer neuen Zunder

Vielleicht gibt es auch einen Gott, der uns kennt. Und dann hat er sicher alles Gute aufbewahrt, das wir uns gegenseitig geschenkt haben. Und wenn es ihn nicht gibt, alte Zwillingsseele, dann gibt es im ganzen Universum keine zwei Wesen, die einander besser kennen als du und ich. Denn du hast mir Leib und Seele gegeben, so, wie ich dir Leib und Seele verpfändet habe. Wo du warst, da war ich, und wo ich war, da wolltest auch du sein.[53] Und dann trat erst deine Mutter zwischen uns, dann kamen die Manichäer und die Platoniker, und schließlich zogst du auch noch die Theologen und die Enthaltsamkeit dazu. Auf diese Weise hast du dich in gewisser Hinsicht weiter von mir entfernt als Aeneas von Dido. Möge Gott in Gnade auf deine Irrungen herabblicken.

Waren wir nicht zwei miteinander verschmolzene Seiten des einen Leibes – so, wie eine Brücke zwei Flussufer zu einem Leib verbindet? Und dann erhebt sich plötzlich aus diesem Fluss

50 *Scortum,* dieses Wort kann auch »Dirne« oder »Hure« bedeuten.

51 *Delictum*

52 *Peccatum*

53 Floria paraphrasiert hier eine alte römische Trauungsformel.

eine mächtige Gottheit – oder ein abstraktes Prinzip wie die Enthaltsamkeit – und zerbricht die Verbindung vom einen Ufer zum andern? Nein, ich glaube nicht an einen solchen Gott, geehrter Bischof. Ich habe oft mit dem Priester hier in Karthago darüber gesprochen. Er weiß, dass ich einst einen Mann hatte, nicht aber, dass du dieser Mann warst. Ist es nicht gerade deshalb wie eine Szene aus einer Tragödie, dass er mir plötzlich eines Morgens deine Bekenntnisse gebracht hat? Oder hast du ihn dazu veranlasst?

Weißt du noch, wie du mich am ganzen Körper gestreichelt und gleichsam alle Knospen zur Anspannung gebracht hast, ehe sie sich öffneten? Wie du es genossen hast, mich zu pflücken! Wie du dich von meinen Düften berauschen ließest! Wie du dich von meinen Säften ernährt hast! Und dann gehst du hin und verkaufst mich um deines Seelenheils willen. Welche Treulosigkeit, Aurel, welche Schuld! Nein, ich glaube nicht an einen Gott, der Menschenopfer verlangt. Ich glaube nicht an einen Gott, der das Leben einer Frau zerstört, um die Seele des Mannes zu retten.

IV

Mit unserem kleinen Sohn, der erst zwei Jahre alt war, begaben wir uns in deinen Geburtsort Tagaste, wo du Rhetorik unterrichtetest. Gegen Ende deines dritten Buches schreibst du: »Über vieles gehe ich ja hinweg, um bald an das zu kommen, was noch mehr mich drängt, es zu bekennen, und vieles hab ich auch vergessen.«[54]

Aber du hast wohl nicht vergessen, wie schwer es Monika fiel, dich zusammen mit Adeodatus und mir in ihrem Haus wohnen zu lassen? Schon damals hatte ich das Gefühl, dass zwischen Monika und dir eine Beziehung bestand, die für Mutter und Sohn nicht natürlich ist. Und ich machte mir auch meine Gedanken, was Monikas Traumgesicht anging. Sie »sah sich im Traum auf einem Richtholz stehen, gramvoll, von Gram gebrochen, und da kam ein lichter Jüngling auf sie zu und lächelte sie fröhlich an.

54 Bekenntnisse III,12

Er fragte sie nach dem Grunde ihres Trauerns, ihres Weinens Tag für Tag, wie man eben fragt, um aufzurichten, nicht um bloß Bescheid zu erfahren. Sie sagte, sie härme sich über mein Verderben. Da hieß er sie getrost sein, sie brauche ja nur schärfer zuzusehen, so werde sie's gewahr: Da, wo sie sei, da sei auch ich.[55] Und als sie nun schärfer zusah, erblickte sie mich, wie ich an ihrer Seite auf demselben Richtscheit stand.«[56]

Das wiederholst du, Aurel – als wolltest du ganz besonders deutlich machen, was du auf dem Herzen hast: »Wo sie sei, da sei auch ich.«[57] Du und Monika, also Mutter und Sohn auf demselben Richtscheit. Vielleicht ging es damals vor allem um die Religion, obwohl es so aussieht, als wolltest du jetzt noch mehr damit sagen. Soll ein Mann denn nicht seinen Vater und seine Mutter verlassen und mit einer Frau zusammenleben, und sollen die beiden nicht ein Fleisch sein? Monika trat zwischen uns, am Ende hat sie den Zweikampf gewonnen, denn sie war eine mächtige Frau, die für sich und ihren Sohn großen Ehrgeiz hegte.

Aber lass uns einen Sprung ins neunte Buch machen. Da schreibst du über deine Trauer, nachdem Monika in Ostia gestorben war: »Darum ward meine Seele verwundet, wie auseinander gerissen das Leben, das aus dem meinigen und dem ihrigen eins geworden war.«[58]

Also wirklich, Aurel! Hast du denn überhaupt kein Schamgefühl mehr? Hast du Oedipus und Iokaste ganz vergessen?[59] Nun ja, er hat sich geblendet, du hättest dich gern entmannt, vielleicht läuft das aufs Gleiche hinaus. Dichterische Begeisterung[60], Aurel! Ab und zu kann es durchaus verlocken, scherzend die Wahrheit auszusprechen.[61]

Und doch erlebtest du jetzt eine Leere in deinem Leben und – so habe ich es empfunden – schicktest mir eine Nachricht. Aber es dauerte nicht lange, da hattest du Gott an die Stelle deiner Mutter gesetzt. Er war gewissermaßen das Einzige, was sie dir hinterlassen hatte, eine neue Mutter. Denn zuerst trat Monika für dich an die

55 D. h. Augustinus

56 Bekenntnisse III,11

57 Vgl. Fußnote 53. Wenn Augustinus schreibt, »wo du, auch er«, dann muss das zu seinen Lebzeiten viele Assoziationen zur ehelichen Beziehung zwischen Mann und Frau geweckt haben.

58 Bekenntnisse IX,12

59 Vgl. Fußnote 40. Oedipus heiratet unwissentlich seine Mutter (Iokaste) und zeugt mit ihr vier Kinder.

60 *Furor poeticus*, eigentlich »dichterische Wut«

61 *Ridendo dicere verum.* Aus den Satiren des Horaz

Stelle Gottes, und nun schien Gott an ihrer Stelle bei dir zu sein. Zuerst stand sie zwischen dir und mir, dann trat der Gott der Nazarener an ihren Platz.

Ich habe mich oft gefragt, ob es in Wirklichkeit deine Mutter war, die dir den Willen stahl, eine Frau zu lieben. Lag es nicht daran, dass du mich liebtest, dass Monika zuerst nicht bereit war, im selben Haus zu wohnen wie du und am selben Tisch zu essen? Drittes Buch, Aurel. Kam sie nicht deshalb nach Mailand, um dich zu verheiraten? Sechstes Buch! Und hast du nicht aus demselben Grund die Enthaltsamkeit gewählt, als aus der geplanten Ehe dann doch nichts wurde?

Auf der Brücke über den Arno hieltest du mich mit einer liebevollen Hand auf meiner Schulter fest und wolltest an meinen Haaren riechen. »Das Leben ist so kurz«[62], sagtest du. Warum hast du das gesagt, Aurel? Und warum wolltest du an meinen Haaren riechen? Was wolltest du damit besiegeln?

Mich erwähnst du erst zu Beginn des vierten Buches. Du schreibst: »Ich hatte in diesen Jahren geschlechtlichen Umgang mit einer Einzigen, nicht in einer Ehe, die man gesetzmäßig nennt – die schweifende Brunst, der Besonnenheit bar, hatte sie aufgespürt –, immerhin nur mit der einen, auch ihr die Treue im Umgang wahrend.«[63]

Als ich diesen Abschnitt über deine schweifende Brunst, der Besonnenheit bar, las, musste ich laut lachen, denn ich fand deine Leidenschaft durchaus nicht schweifend, sondern voller Besonnenheit. Außerdem war sie konstant, obwohl sie zeitweise auch schwächer brennen konnte als sonst. Übrigens ist es wohl leicht übertrieben, zu behaupten, deine Brunst hätte mich »aufgespürt«. Wie du selber andeutest, haben wir wie ein Ehepaar miteinander gelebt – mit dem einen wichtigen Unterschied, dass wir uns ohne fremde Einmischung füreinander entschieden

62 *Vita brevis*

63 In den *Confessiones*, IV,2, geht das Zitat folgendermaßen weiter: »... dabei sollte ich freilich aus eigener Erfahrung lernen, welch ein Unterschied sei zwischen einer ehelichen Bindung, die man der Zeugung wegen eingeht, und einem Abkommen zu geschlechtlichem Liebesrausch, dem Nachkommenschaft auch wider Wunsch und Wille entsprosst, obzwar sie, einmal geboren, sich doch Liebe zu verschaffen weiß.« Floria glaubt ihm das wohl so wenig, dass sie sich nicht einmal die Mühe macht, diesen Abschnitt zu kommentieren. Sie behauptet das Gegenteil, nämlich, dass sie und Augustinus wie ein Ehepaar miteinander gelebt haben.

hatten. Wenn du mich nicht geliebt hättest, hättest du vielleicht auch noch andere Frauen gehabt oder wärst bisweilen ins Bordell gegangen. Wir waren nicht verheiratet, alle hätten Verständnis gehabt, wenn du dir an meiner Stelle eine andere Konkubine genommen hättest. Aber die Einzige, die zwischen uns stand, war Monika – und schließlich auch noch ein bohrendes Schuldgefühl, weil dir unsere Liebe so wichtig war, dass sie vielleicht deinem Seelenheil im Wege stehen konnte.

Dann erzählst du von Claudius[64], der an einem bösen Fieber starb. »Und es war mir das Leben deshalb so gänzlich verleidet, weil ich nicht hälftig leben wollte; und wenn ich trotzdem vor dem Sterben zurückscheute, so vielleicht aus dem Grunde, dass hinwieder der nicht ganz sterben sollte, den ich so heiß geliebt hatte.«[65] Und dann schreibst du: »Ich trug meine Seele zerschlagen und blutend herum, und sie hielt es nicht aus, dass ich sie noch trug, und ich fand doch keine Stätte, sie niederzulegen. Nirgend kam sie zur Ruhe, nicht im lauschigen Hain, nicht bei Spiel und Gesang, weder im salbenduftenden Bad noch beim wohlbereiteten Mahl, noch in Lager und Bett mit ihrer Lust, und auch nicht über Buch und Gedicht.«[66]

Ich kann mich gut an diese Zeit erinnern, denn sie war für uns beide nicht leicht. Und doch: Die ganze Zeit hatten wir einander, und nun, wo dein Freund gestorben war, war ich dein einziger Trost. Ich glaube, damals hast du wirklich angefangen, nach einer Wahrheit zu suchen, die deine Seele vor der Vergänglichkeit retten konnte. Ich sagte: Nimm mich in den Arm. Das Leben ist so kurz, und es steht nicht fest, ob es für unsere schwachen Seelen eine Ewigkeit gibt. Aber das wolltest du mir nicht glauben, Aurel. Du wolltest nichts unversucht lassen, eine Ewigkeit für deine Seele zu finden. Es schien dir wichtiger zu sein, deine Seele vor der Verdammnis zu retten als meine.

Schließlich kehrten wir aus Tagaste nach Karthago zurück. Ich jubelte, denn es war kein Leben, das Haus mit Monika teilen zu müssen. Du schreibst: »Da kamen sie, kamen und gingen Tag um Tag, und im Kommen und Gehen brachten sie meinem Innern andere Eindrücke und andere Erfahrnisse zu, und allgemach machten sie mich

64 Augustinus erwähnt den Namen seines Freundes nicht.

65 Bekenntnisse IV,6

66 Bekenntnisse IV,7

wieder empfänglich für die früheren Arten von Ergötzung.«[67] Aber der Keim war gepflanzt, und dich hatte ein neuer Ernst überkommen.

Ich finde es seltsam, dass du nicht mehr über Adeodatus schreibst. Aber vielleicht meinst du auch ihn, wenn du von den »früheren Arten von Ergötzung« schreibst?

V

Im fünften Buch erzählst du über die Reise von Karthago nach Rom und dass deine Mutter deinen »Weggang leidenschaftlich beklagte und mich bis ans Meer hinaus begleitete. Aber ich hinterging sie, als sie mich gewaltsam festhalten wollte, um mich entweder wieder heimzubringen oder mit mir zusammen abzureisen.«[68] Wir waren das, die sie hintergingen, Aurel. Du überredetest sie, die Nacht in der Cyprianskapelle zu verbringen. Und wir schifften uns im Schutz der Dunkelheit ein, du und ich und der kleine Adeodatus, der inzwischen ein Junge von elf Jahren war. Ich weiß noch, wie du scherzend sagtest, in dieser Nacht werde die Königin von Karthago mit Aeneas nach Rom segeln. Und als wir Karthago verließen, fühlte ich mich wirklich wie eine wieder auferstandene Dido. Ich dachte an diese seltsame Frage, die du mir vor mehr als zehn Jahren gestellt hattest: Warst du je in Rom?

67 Bekenntnisse IV,8
68 Bekenntnisse V,8

Ich war mir so sicher, dass wir die richtige Entscheidung getroffen hatten. Wenn es für uns beide eine Zukunft geben sollte, dann musste es gelingen, uns von Monika zu befreien.

Dann überkam dich das Fieber, und ich pflegte dich und betete für dich. Ich wusste, wie große Angst du vor dem Sterben hattest. Immer wieder fragtest du: »Bin ich jetzt verloren?« Denn du hattest noch keine Rettung für deine Seele gefunden. Du schreibst: »Und da sich das Fieber steigerte, stand mir's nahe, abzugehen – zu Grunde zu gehen. Denn wäre es damals mit mir zu Ende gegangen, wohin anders wäre es mit mir gegangen nach Deiner Ordnung schaffenden Wahrheit als in das Feuer und die Qual, die meinen Taten gebührte?«[69]

Aber beim Hades, Aurel! Was ist das anderes als verzerrte Mythologie! Du hast dich so oft über die alten Göttergeschichten lustig gemacht, und doch glaubst du also noch immer an einen Gott der Rache, der die Menschen für ihre Taten in alle Ewigkeit bestraft und quält? Das war zum Glück damals nicht der Fall, als du dich in einer kleinen Kammer in Rom im Fieber wandest. Damals hattest du einfach nur entsetzliche Angst, deine Seele könne verloren gehen.[70] Und ich musste versuchen, mit einigen tröstenden

Worten aus der Philosophie der Stoiker[71] deine Angst zu lindern. Wir sprachen auch über den Nazarener und die christliche Hoffnung. Doch wir hätten damals beide nicht an diese Lehre des Feuers und der ewigen Qual geglaubt. Dazu waren wir zu gebildet. Aber heute sieht ein geachteter kaiserlicher Rhetor das also anders? Er glaubt, dass der Bischof von Hippo Regius in einigen Jahren in Gottes seligem Paradies in guter Hut sein wird, während Floria Aemilia zu ewigem Feuer und immer währender Qual verdammt sein wird, weil sie sich nicht taufen lässt. Nein, gnädiger Bischof, diese Lehre müsst ihr so bald wie möglich ändern. Wenn nicht,

69 Bekenntnisse V,9

70 Der Verlust der Seele darf nicht mit der christlichen Vorstellung der ewigen Verdammnis verwechselt werden. Dass einzelne Seelen verloren waren, während andere sich eine ewige Existenz verdienen konnten, war während der ganzen Antike eine bei mehreren philosophischen Strömungen verbreitete Auffassung.

71 Der Stoizismus war eine philosophische Richtung, in der versucht wurde, ein seelisches Gleichgewicht in Harmonie mit der ordnenden Vernunft der Welt zu erlangen. Die Stoiker betonten, dass alle Naturprozesse – wie zum Beispiel Krankheit und Tod – unverbrüchlichen Naturgesetzen folgen. Der Mensch muss deshalb lernen, sich mit seinem Schicksal zu versöhnen.

dann macht es mir wirklich Sorgen, dass sich immer mehr Menschen taufen lassen und dass die christliche Kirche wächst. Wir wissen beide um den politischen Verfall, den unsere Gesellschaft seit einiger Zeit miterleben muss. Und da ist es vielleicht auch kein Wunder, dass Sitte und Brauch einen ähnlichen Verfall durchmachen.

Du wurdest bald wieder gesund. Ich werde nie vergessen, wie rasch das Fieber dich verließ, plötzlich warst du wieder auf den Beinen. Dann erkundeten wir zusammen die Stadt, du und ich. Einige Monate lang unterrichtetest du Rhetorik und warst glücklich über deine vielen Gespräche mit den Philosophen, die »Akademiker«[72] genannt werden. Und immer durfte ich dich begleiten, vor allem, wenn du neue Bekanntschaften schließen wolltest. Stolz warst du, stolz wie ein Triumphator, weil ich an deiner Seite war, nicht so sehr, weil du dich für mich entschieden hattest, sondern weil ich dich erwählt hatte.

Dann wurdest du vom Kaiser als Rhetoriklehrer nach Mailand geschickt. Die Reise dorthin war ein großes Erlebnis, vielleicht erlebten wir damals auch unsere reichsten gemeinsamen Stunden. Weißt du noch, wie wir an jenem prachtvollen Herbsttag auf der Via Cassia unterwegs waren – Adeodatus, du und ich und zwei Freunde, Aurel. Und alle, die wir bisher noch nicht gekannt hatten. Wir waren eine große Reisegesellschaft.

Dann erreichten wir die alte Garnisonsstadt Florentia[73] am Arno. Weißt du noch, wie wir stehen blieben und auf die schneebedeckten Berge zeigten, die plötzlich zwischen den Bäumen zu sehen waren? Du erinnerst dich nur an Gedanken, aber kannst du nicht versuchen, dir auch einige wirkliche sinnliche Erfahrungen ins Gedächtnis zu rufen? Dann überquerten wir den Fluss, und mitten auf der Brücke tratst du hinter mich. Du warst gerade in ein Gespräch mit einigen Männern vertieft, aber dann standest du plötzlich neben mir. Ich spürte, wie du mir die Hand auf die Schulter legtest, und dann zogst du mich vorsichtig an dich und flüstertest: »Das Leben ist so kurz, Floria!«

Dann packtest du mein Handgelenk – als ob

72 d.h. die Skeptiker. Augustinus selber beschreibt sie folgendermaßen: »Weil sie der Ansicht waren, man müsse an allem zweifeln, und sich für den Satz entschieden, der Mensch sei nicht im Stande, irgendwelches Wahre in den Griff zu bekommen.« (Bekenntnisse V,10).

73 Florenz

du beschlossen hättest, diesen Augenblick nie zu vergessen. Und dann wolltest du an meinen Haaren riechen. Und hast es auch getan. Ich spürte deinen Atem im Nacken, als du meine langen Haare löstest und an ihnen rochst. Du schienst mich in dich einsaugen zu wollen, so, als ob in dir mein Zuhause sei. Mir kam es so vor, als wolltest du sagen, dass ich immer zu dir gehören würde, weil unsere Seelen miteinander verschmolzen waren. Das war vor Monikas Eintreffen in Mailand, vor diesen krampfhaften Versuchen, dich zu verheiraten, vor deiner Begegnung mit den Theologen.

Und nun erzähle mir ja nicht, diese Begebenheit auf der Brücke über den Arno sei nur eine Folge von »Sinnenlust« oder »Genusssucht« gewesen, guter Bischof. Damals haben viele Menschen uns zugesehen, und vielleicht kann ich mich gerade deshalb so gut an alles erinnern. Auf dieser Brücke hast du etwas getan, wovon du wusstest, dass es mich glücklich machen würde, eine Geste für mich, ein Ausdruck deiner tiefen Anerkennung für mich als die Frau in deinem Leben, auch wenn ich dem Gesetz nach nicht deine Gattin war. Ich glaube auch, dass ein Gefühl von Befreiung mit im Spiel war, endlich konnten wir uns in einem von Monika weit entfernten Land frei bewegen. Waren wir denn nicht gewissermaßen beide Flüchtlinge?

Die Jahre sind vergangen, und viel ist passiert, seit wir in Italien zusammengelebt haben, und nun meinst du, dein Gott werde dich verdammen, weil es dir Freude gemacht hat, an meinen Haaren zu riechen? Hat Er Seinen einzigen Sohn ans Kreuz schlagen lassen, um solche Sünden zu sühnen? Auch wir hatten auf dieser Reise einen Sohn bei uns, er sprang und tanzte um seinen Vater und seine Mutter herum – aber einen Sohn der Liebe willen ans Kreuz schlagen lassen? Ich hoffe deinem Seelenheil zuliebe, dass dein Gott einen ebenso hoch entwickelten Sinn für Humor hat wie du vor deiner Begegnung mit den Theologen. Er muss aber dennoch über einen makabreren Humor verfügen als du damals, denn sonst meint Er vielleicht, dass sich deine Seele seit dem Tag, als du mit mir über die Arnobrücke gegangen bist, so verschlechtert hat, dass sie nicht mehr gerettet werden kann. Dort, wo es den meisten Geist gibt, gnädiger Bischof, gibt es in der Regel die wenigste Liebe.[74]

74 Vermutlich eine Variation des Sprichworts *Ubi mens plurima, ibi minima fortuna* (Wo der meiste Geist vorhanden ist, gibt es das wenigste Geld).

Auf dem anderen Ufer kamen wir an Verkaufsbuden vorbei, und ich blieb stehen und sah mir eine schöne Kamee[75] an. Die hast du für mich gekauft, und ich halte sie jetzt in der Hand. Ich umklammere sie, ganz fest. Und Gott möge mir vergeben, dass ich mich an das »Körperliche« halte. Es ist alles, was ich habe. Ich habe vor meinem inneren Auge keinen Strahlenglanz erblickt, ich hatte keine Gesichte, ich habe auch keine Stimmen gehört, in dieser Hinsicht bin ich noch immer eine schlichte Frau. Was dein Seelenheil angeht, so wünsche ich nichts, wenn nicht Gutes.[76] Aber das Leben ist kurz, und ich weiß so wenig. Stell dir vor, es gibt keinen Himmel über uns, Aurel, stell dir vor, wir sind für dieses Leben erschaffen worden! Ich hoffe, dass unsere Seelen dann in alle Ewigkeit über dem Arno schweben werden. Denn schließlich hat Floria in Florentia geblüht[77], und Aurels Stirn leuchtete in der Abendsonne über dem Arno wie Gold.[78]

VI

Dann machtest du in Mailand die Bekanntschaft von Bischof Ambrosius. Du schreibst, du habest ihn »nach dem Allerweltsurteil für einen glücklichen Mann« gehalten, »da ihm die Mächtigen so viel Ehre erwiesen. Nur seine Unbeweibtheit erschien mir eine beschwerliche Sache«.[79] Wie viele Seelenqualen du durchmachen musstest, weil du immer mehr zu der Überzeugung gelangtest, um deines Seelenheils willen die Liebe aufgeben zu müssen!

Später im Frühling kam Monika, über Meer

75 Ein Edelstein, eine Konchylie oder ein anderes zum Relief geschnittenes Schmuckstück. Eine damals sehr beliebte Kunstgattung.

76 *Nil nisi bene.* Vielleicht spielt Floria hier auf die Redensart *De mortuis nil nisi bene* an. Wenn das der Fall ist, dann müssen wir es so deuten, dass sie Aurels Seele nicht mehr für eine lebendige Seele hält.

77 *In Florentia Floria floruit.* Ein unübersetzbares Wortspiel. Wir haben nur das Wort »florieren«, das aber eine etwas andere Bedeutung hat.

78 *Auro,* »wie Gold«. Auch hier geht das Wortspiel bei der Übersetzung verloren.

79 Bekenntnisse VI,3

und Land war sie dir gefolgt, schreibst du. Sie kehrte dir ihr Gesicht und mir ihren Rücken zu, obwohl sie doch wusste, dass wir beide eins waren. Sie hatte zwei Dinge vor: dich zur Taufe zu überreden und dich mit einem Mädchen deines Standes zu verheiraten. Ich glaube, diese Heirat war ihr wichtiger als die Taufe. Du selber hattest an allem Zweifel, aber du warst bereit, »so lange noch Katechumen in der von den Eltern mir ans Herz gelegten katholischen Kirche zu bleiben, bis mir das Licht einer Gewissheit aufginge, wohin ich meinen Weg zu nehmen hätte«.[80] Im siebten Buch rufst du: »O ihr großen Männer von der Akademie: Ja, es lässt sich nichts Gewisses greifen, wonach das Leben einzurichten wäre!«[81]

Verzeih mir, dass ich eine längere Passage abgeschrieben habe, an dieser Stelle zeigt es sich nämlich, dass du doch den einen oder anderen Versuch unternommen hast, dich zu besinnen. Du schreibst: »Was dann, wenn der Schnitt des Todes mit eins aller Fühlung, aller Sorge Schluss und Ende machte? Auch das ist noch die Frage. Nein, weit gefehlt, er wäre so! Es ist nicht ohne Grund, ohne Sinn, dass die erhabene Macht und Würde des christlichen Glaubens in aller Welt verbreitet ist; nie geschähe aus göttlicher Fügung so Großes und Herrliches für uns, wäre mit dem Tod des Leibes auch das Leben der Seele aus. – Was säumen wir also, die Hoffnung auf die Welt aufzugeben und all unser Sein dem Suchen nach Gott und dem glückseligen Leben zu weihen?

Doch gemach! Freude machen auch die Dinge dieser Welt, sie haben ihre Süße, und die ist nicht gering; nicht so leichthin soll man mit ihnen brechen, es wäre ja schimpflich, hinterher doch wieder umzukehren. – Ach, so einen besseren Posten zu ergattern – wie viel wär schon gewonnen! Was sollte ich mir noch mehr wünschen auf dieser Welt? Hochmögende Freunde hätte ich ja genug; so ein Ämtchen als Tribunalpräsident, um nichts zu überstürzen, das ließe sich doch kriegen! Und dann nimmt man sich eine Frau mit etwas Geld, damit sie einem das Budget nicht belaste, und die Seele hätte ihre Ruh! Viele bedeutende, vorbildliche Männer haben auch in der Ehe ganz im Dienste der Weisheit gelebt.

Während ich so sprach und die wechselnden Winde mir das Herz hierhin, dorthin trieben,

80 Bekenntnisse V,14
81 Bekenntnisse VI,11, vgl. Fußnote 72

verging die Zeit, und ich ›säumte, mich zum Herrn zu kehren, und verschob von Tag zu Tag‹, in Dir zu leben, aber nicht verschob ich's, Tag für Tag in mir selbst meinen Tod zu sterben.«[82]

Das Leben also, hier bezeichnest du es zwar als Tod, ausgerechnet du, der sich einmal über mich beugte, um an meinen Haaren zu riechen, als wir zusammen über die Arnobrücke gingen! Als Nächstes schreibst du: »Es zog mich nach dem glückseligen Leben, und ich fürchtete es dort, wo es zu Hause ist; auf der Flucht vor ihm war ich auf der Suche nach ihm. Denn ich glaubte, ich wäre doch zu übel dran, wenn ich der Umarmungen des Weibes entbehren müsste.«[83]

Es waren *meine* Umarmungen, ohne die du nicht leben konntest, Aurel, darüber haben wir beide oft gesprochen. Hättest du das nicht schreiben können? Aber gut, man soll es sich gut überlegen, ehe man Namen nennt.[84]

Über diese Fragen hast du auch mit Alypius[85] immer wieder gesprochen. »Denn für uns beide war das, was die Würde des Verheirateten ausmacht, die Pflicht der Führung in der ehelichen Gemeinschaft und die Aufziehung von Kindern, nur ein schwacher Beweggrund, was mich hauptsächlich und so ungestüm in meiner Verstricktheit peinigte, war meine Gewohnheit, der unstillbaren Lustbegier zur Stillung nachzugehen, ihn aber zog das Interessante zur Umstrickung.«[86]

Was dir in Wirklichkeit zu schaffen machte, war die Ehe – für die ich nicht in Frage kam, einfach, weil es mir an irdischen Gütern fehlte –, und eine Eheschließung wäre ein Verrat an mir gewesen. Denn wir waren doch Zwillingsseelen, Aurel, wir waren doch seelisch und leiblich so fest zusammengewachsen, dass wir es besser einem Chirurgen überlassen hätten, uns zu trennen, und nicht einer Mutter auf Freiersfüßen. Und wir mussten auch an Adeodatus denken, der damals zwölf Jahre alt war.[87]

82 Bekenntnisse VI,11

83 Ebenda

84 *Nomina sunt odiosa,* eigentlich »Namen sind anstößig«, vermutlich aus Ciceros Rede an Roscius.

85 Ein Freund und ehemaliger Schüler des Augustinus aus dessen Geburtsort Tagaste. Alypius ging zum Jurastudium nach Rom. Zusammen reisten sie später nach Mailand. (Bekenntnisse VI,7–10)

86 Bekenntnisse VI, 12

87 Dass er seine Lebensgefährtin verstoßen hat, hat Augustinus offenbar tiefe Seelenqualen bereitet, auch wenn er darauf in seinen *Bekenntnissen* nicht weiter eingeht. Hier verliert er kein Wort über die Schmerzen, die er Floria zugefügt hat. Schon in seiner Schrift *De bono coniugali* (»Über die Güter der Ehe«, 401), die er zu der

Du schreibst: »Man drängte mich unablässig, eine Gattin heimzuführen. Schon bewarb ich mich, schon erhielt ich die Zusage, hauptsächlich auf Betreiben der Mutter: Ich sollte bereits verehelicht sein, wenn das Heilswasser der Taufe mich rein wüsche.«[88]

Und dann kam sie zu mir. Ich werde nie den Morgen vergessen, an dem Monika plötzlich im Zimmer stand, als ich mich gerade wusch. Du warst in die Rhetorenschule gegangen und wolltest den ganzen Tag dort verbringen. Monika befahl mir, sofort aufzubrechen. Alles war bereits arrangiert, meine ganze Heimreise nach Afrika, noch an diesem Nachmittag sollte eine Reisegesellschaft sich auf den Weg machen. Denn du hattest dich um ein Mädchen beworben und ihr Jawort erhalten. Allerdings hatten die Eltern des Mädchens die Bedingung gestellt, dass ich so schnell wie möglich von deiner Seite entfernt würde.

Ich dachte, dass das jetzt Monikas Rache dafür war, wie wir sie in jener Nacht in Karthago verlassen hatten. Jetzt sollte es sich zeigen, welche von uns beiden die Stärkere war. Aber sie sagte, du habest sie gebeten, mich fortzuschicken, weil du es selber nicht über dich brächtest. Es gibt schließlich auch Bauern, die es nicht über sich bringen, ihre eigenen Lämmer zu schlachten. Und ich glaubte ihr, das war mein tragischer Fehler![89] Denn dir muss doch bewusst gewesen

Zeit verfasst hat, als er vermutlich Florias Brief erhalten hatte, betont er jedoch, dass ein Mann, der eine treue Lebensgefährtin verstößt, um eine andere zu heiraten, sich der Untreue schuldig gemacht hat. Nicht alle Christen waren dieser Auffassung. Bis weit ins Mittelalter hinein war allgemein akzeptiert, dass ein Mann vor der Ehe eine Geliebte haben konnte. Bischof Leo von Rom z. B. erlaubte um die Mitte des 5. Jahrhunderts christlichen Männern, ihre Konkubinen zu verlassen, um zu heiraten. Das galt nicht als Scheidung oder als Bigamie, sondern als Ausdruck moralischer Verbesserung. Von dieser Ansicht distanzierte Augustinus sich also. Ein Mann, der sich mit einer Lebensgefährtin zusammengetan hat, soll bei dieser bleiben und nicht später eine andere heiraten.

Mich beschäftigt die Frage, ob Augustinus – auch ohne Florias Brief so kurz nach dem Verfassen seiner *Confessiones* – diesen Standpunkt bezogen und damit die »ehelichen« Rechte der Konkubinen und ihren Status verteidigt hätte. Vielleicht hatte sie im Grunde also doch Recht mit der Überlegung, dass ihr Brief an Aurel zugleich ein Brief an die gesamte christliche Kirche sei.

Noch 1930 zitierte der Papst aus Augustinus' Schrift *De bono coniugali*. Ohne sich dessen bewusst gewesen zu sein, muss auch er in gewisser Weise unter dem Einfluss von Florias Brief gestanden haben. Ich habe allerdings durchaus Grund zu der Annahme, dass er und auch seine Vorgänger den *Codex Floriae* gekannt haben.

88 Bekenntnisse VI,13

89 *Peccatum,* Fehler oder Vergehen, vgl. griech. *hamartia,* Bezeichnung für das Vergehen, das schließlich

sein, dass ich eine tragische Frauengestalt sei – wie aus der Toga des Euripides geschüttelt![90] Ich wurde um der himmlischen Liebe willen von meinem eigenen Mann verraten! So war das, Aurel, ganz genau so war das![91]

Ich hielt es für deine durchdachte Entscheidung, mich zurück nach Karthago zu schicken, wo wir beide uns vor langer Zeit unter einem Feigenbaum kennen gelernt hatten. Erst, als wir uns dann in Rom wieder sahen, konntest du beschwören, dass ich ohne dein Wissen und ohne deinen Willen fortgeschickt worden war.

Monika sagte mir noch, dass du von mir das Versprechen verlangtest, keinen neuen Mann zu nehmen. Ich deutete das so, dass dein Entschluss doch noch nicht ganz feststand, und dass wir uns vielleicht doch wieder umarmen würden. Warum Monika das gesagt hat, ist mir bis heute ein Rätsel, ich bin nämlich sicher, dass sie nur den einen Gedanken hatte, mich aus dem Haus zu schaffen. Wollte sie mir den Aufbruch ein wenig leichter machen?

Oder vielleicht dachte sie, ich würde mich eher taufen lassen, wenn ich nicht mit einem neuen Mann zusammenlebte. Aber dann bekam ich bald deinen Brief mit der inständigen Bitte, mich keinem anderen hinzugeben. Du schriebst außerdem, dass aus deiner Hochzeit vielleicht doch nichts werden würde. Und das Allerwichtigste ist, dass du deinen Brief aus Mailand mit folgenden Worten beendetest: »Du fehlst mir, Floria. Floria, du fehlst mir.«

Adeodatus hattest du an diesem Tag mit in die Rhetorenschule genommen, ich durfte ihn nicht einmal ein allerletztes Mal umarmen, ehe ich mein Hab und Gut zusammenpacken und Mann und Kind verlassen musste. Auf diese Weise habe ich alles mitgenommen, was mir gehörte.[92]

Ich habe es nicht gemacht wie Dido, Aurel, und deshalb habe ich dir vielleicht damals unter dem Feigenbaum zu viel versprochen. Wenn ich

den Sturz des tragischen Helden herbeiführt. Ein solcher schicksalhafter Fehler wird zumeist ohne bösen Willen begangen, und gerade das ist das Tragische.

90 Die Griechen trugen das *Himation,* nicht die *Toga,* was der lateinische Name für die römische Männertracht war. Floria benutzt jedoch das Wort *Toga.*

91 *Sic, Aureli! Sic!*

92 Sicher eine Anspielung auf Cicero, der den Satz *Omnia mea mecum porto* dem griechischen Philosophen Bias zuschreibt. Bias musste mit leeren Händen vor seinen Feinden fliehen. Trotzdem aber nahm er alles mit, was ihm gehörte, d. h., nur seine Klugheit und seine Erfahrung waren wirklich etwas wert.

Adeodatus bei mir gehabt hätte, dann hätte ich es auch nicht gemacht wie Medea.[93] Aber ich bin aufgebrochen.

VII

Du schreibst, wie sehr Monika sich bemühte, dich nun zu verheiraten. »Die Werbung erging an ein Mädchen, dem noch fast zwei Jahre zum heiratsfähigen Alter fehlten; doch weil gerade sie entsprach, so hieß es eben warten.«[94] Na, ich glaube, du hättest lieber schreiben sollen, dass du nur zu gern gewartet hast.

Ich selber finde es ein wenig enttäuschend, dass du nicht einmal einen oder zwei Sätze darüber verlierst, was du empfunden hast, als deine Mutter die Sache in ihre eigenen Hände nahm und mich wegschickte, als du mit Adeoda-

93 Aus der Tragödie des Euripides über Medea, die ihre eigenen Kinder tötete, weil ihr Mann, Jason, sie verraten hatte. Medeas Hass auf Jason war stärker als ihre Liebe zu den gemeinsamen Kindern. In ihrer heftigen Leidenschaft haben Dido und Medea durchaus Ähnlichkeit miteinander.

94 Bekenntnisse VI,13. Mädchen galten normalerweise mit zwölf bis dreizehn Jahren als heiratsfähig. Wir können deshalb davon ausgehen – wie Floria weiter oben schreibt –, dass die neue Braut des Aurel erst elf war.

tus in der Rhetorenschule warst. Du kamst in ein leeres Haus zurück. Und ich – mit der du den ganzen weiten Weg von Afrika her zusammen hinter dich gebracht hattest – war spurlos verschwunden. Ich, Aurel, mit der du über die Arnobrücke gegangen warst, ich war nicht mehr da. Du schreibst nur:

»Man hatte mir die Genossin meines Lagers als Hindernis für die Ehe von der Seite gerissen, sie, die mir ans Herz gewachsen war, und von Schnitt und Wunde vergoss dies Herz von seinem Lebensblut. Sie war heimgekehrt nach Afrika, nicht ohne Dir gelobt zu haben, sie wolle keinem anderen Manne mehr gehören, und hatte meinen Sohn, dessen Mutter sie war, bei mir zurückgelassen. Ich aber, ich Unseliger, nicht einmal im Stande, es einem Weibe gleichzutun, fand den Aufschub, dass ich erst nach zwei Jahren die erhalten sollte, um die ich warb, unerträglich und verschaffte mir, weil ich ja nicht Freund der Ehe war, sondern Sklave der Lust, eine andere Genossin, natürlich nicht Gattin, so als ginge es darum, die Sucht meiner kranken Seele im Verlass auf die Dienste eingefleischter Gewohnheit bei Kraft zu erhalten und unversehrt, ja noch üppiger, hinüberzuschleppen ins Reich des ehelich Fordernden.«[95]

Über diese andere Frau hatte ich nie ein Wort gehört, solange ich deine Bekenntnisse noch nicht gelesen hatte. Wie du dich geschämt haben musst – ich sollte mich schließlich keinem anderen hingeben! Immerhin ist es eine nützliche Information, denn auf diese Weise gibst du zu, dass ich nicht weggeschickt worden war, weil du heiraten solltest. Wäre es denn nicht besser gewesen, wenn wir uns noch gehabt hätten, solange du darauf warten musstest, dass diese arme Kleine reif für die Ehe wurde? Aber du wolltest ja gar nicht heiraten, du wolltest deine Seele vor der ewigen Vernichtung retten, und dann hattest du einen ganz normalen Rückfall in die »Sinnenlust«, das kann passieren. Du Armer, Aurel, ich fange an, dein tiefes Bedürfnis nach irgendeiner Form von Sündenbekenntnis zu verstehen. Ich bin nur mit der Auswahl nicht ganz zufrieden.

Ich gehe davon aus, dass Monika dein neues Verhältnis nicht missbilligte. Es war ihr gelungen, deine jahrelange Beziehung zu der Frau, die du mit Leib und Seele liebtest, zu beenden. Und da war es vielleicht ein guter Ersatz, dass die

95 Bekenntnisse VI,15

nächste Frau nur die fleischliche »Sinnenlust« deckte. Deine Mutter war eine großzügige Frau, gnädiger Bischof, über die Toten nur Gutes. Sie konnte endlich ihre grausame Rache dafür nehmen, was in der Nacht unserer Abreise aus Afrika geschehen war.

Und jetzt schreibst du: »Und doch heilte jene Wunde nicht, die mir die Losreißung von der früheren Gefährtin geschlagen hatte; nach dem wühlenden Schmerz der Entzündung ging sie in Fäulnis über, und ihr gleichsam nun kälteres Schmerzen ließ umso weniger Hoffnung.«[96] Und du fügst hinzu: »Und noch tiefer mich dem Pfuhl der Fleischeslust zu überlassen, davor bewahrte mich allein die Furcht vor dem Tode, die Furcht vor Deinem kommenden Gericht, die mir doch nie, bei allem Wechsel der Weltbetrachtung, aus der Brust gewichen ist ... In der Frage nach dem höchsten Gut und dem größten Übel müsste ich im Geist dem Epikur die Palme reichen[97], wenn ich nicht für meinen Teil an das Weiterleben der Seele nach dem Tode und das Fortwirken von Verdienst und Missverdienst glaubte, woran ja Epikur nicht glauben wollte. So warf ich denn die Frage auf: Wenn wir nie zu sterben brauchten und immer nur in Sinnenfreude lebten, ohne alle Furcht, dies je zu verlieren, warum sollten wir nicht glücklich sein oder noch anderes uns wünschen!«[98]

Nein, warum sollten wir noch anderes uns wünschen! Ich meine: Warum sollten wir uns etwas wünschen, das es vielleicht nicht gibt? Du erinnerst mich ein wenig an den Griechen, der beim Glücksspiel einige Goldmünzen gewonnen hatte – und dann wollte er noch mehr gewinnen und verspielte bei diesem Versuch sein ganzes Vermögen.[99]

Stell dir eine fruchtbare Landschaft mit Menschen und Tieren vor, mit Blumen und Kindern, Wein und Honig. In dieser Landschaft gibt es

96 Ebenda

97 Epikur (341–270 v. Chr.), griechischer Philosoph, der in Athen lebte. Epikur vertrat die Atomlehre Demokrits und glaubte, die materialistische Philosophie könne die Angst der Menschen vor dem Tod und der Strafe der Götter abschaffen. »Warum sollte man Angst vor dem Tod haben?«, fragte er. »Denn solange wir sind, ist der Tod nicht da, und sobald er da ist, sind wir nicht mehr.« Epikur selber fasste mit dem, was er das *vierfache Heilmittel* nannte, seine befreiende Philosophie zusammen. »Die Götter brauchen wir nicht zu fürchten. Über den Tod brauchen wir uns keine Sorgen zu machen. Das Gute ist leicht zu erlangen. Das Furchtbare ist leicht zu ertragen.«

98 Bekenntnisse VI,16

99 Ich habe nicht feststellen können, auf welchen Griechen Floria hier anspielt.

auch ein entsetzliches Labyrinth. Stell dir nun vor, heiliger Bischof, du, der einst mein kleiner neckischer Bettgesell gewesen ist, stell dir vor, du habest dich in diesem tiefen Labyrinth verirrt. Du findest keinen Ariadne-Faden[100], der dich aus den Irrgängen zurück in das Paradies führen kann, in dem du bisher gelebt hast. Aber tief unten im Labyrinth herrschen die Theologen und Platoniker. Jedes Mal, wenn ein neuer Mann das Labyrinth betritt, vermehrt sich ihre Anzahl. Jedem reden sie nämlich ein, alles außerhalb des Labyrinths sei Teufelswerk. Jetzt wird das auch dir eingeredet, und bald wünschst du dich nicht mehr aus dem Labyrinth hinaus. Denn auch du hast dich den Theologen angeschlossen, auch du bist jetzt in der Tiefe des finsteren Labyrinths zu einem Menschenfresser wie die anderen geworden.[101] Oder sollte ich vielleicht lieber Menschenfischer sagen?[102] Du vergisst die Frau, die du geliebt hast, nicht, aber du preist Gott, weil du nun von ihr getrennt bist. Nun kann sie dich nämlich nicht mehr in Versuchung führen. Nur in deinem Gedächtnis, »da sind lebendig noch die Bilder von solchen Dingen, die meine Gewohnheit dort befestigt hat«.[103]

Möge Gott dir vergeben. Vielleicht sitzt Er irgendwo und sieht mit an, wie du alle Seine Taten verachtest. Du schreibst in deinen Bekenntnissen so oft, dass du in deinem früheren Leben dort warst, wo Gott nicht ist. Aber vielleicht bist du erst jetzt auf Abwege geraten. Auch Oedipus glaubte sich auf dem rechten Weg, als er von Delphi nach Theben reiste. Das war *sein* tragischer Irrtum. Es wäre so viel besser gewesen, wenn er zu seinen Pflegeeltern nach Korinth zurückgegangen wäre. Und so viel besser, Aurel, wenn du den Weg nach Hause, nach Karthago gefunden hättest. Hier können wir noch immer Gottes Liebe in Blumen und Bäumen ahnen – und in der Venus, Aurel.

Ich möchte dich an einige Worte des Horaz er-

100 Ariadne gab Theseus ein Garnknäuel mit, als er im Labyrinth von Knossos (auf Kreta) das Ungeheuer Minotaurus töten wollte, dem die Stadt Athen alle sieben Jahre sieben Jungfrauen und sieben Jünglinge opfern musste. Mithilfe dieses Fadens fand Theseus danach wieder den Weg aus dem Labyrinth.

101 Vgl. Fußnote 100.

102 *Piscator hominum.* In der *Vulgata,* der lateinischen Bibelübersetzung, die Floria vermutlich benützt hat, steht (Markus 1,17): *Et dixit eis Iesus venite post me et faciam vos fieri piscatores hominum.* Vgl. Matthäus 4,19

103 Bekenntnisse X,30. Ich frage mich, ob Florias Gleichnis einen bewussten Versuch darstellt, ein Gegenstück zu Platons Höhlengleichnis zu schaffen, das sie zweifellos gekannt hat.

innern: »Glaube, dass jeder lichte Tag dein letzter ist.«[104] Es steht ja nicht fest, ob dieser Tag dein letzter ist, aber es ist durchaus möglich. Außerdem besteht auch die Möglichkeit, dass es nach diesem für unsere Seelen kein weiteres Leben gibt. Das ist möglich, alter Rhetor, und jetzt will ich, dass du dir diese Möglichkeit noch einmal überlegst. Was, wenn der Bischof von Hippo Regius sich nun geirrt hat!

Das Leben ist kurz, es ist viel zu kurz. Aber vielleicht leben wir hier und jetzt und nur hier und jetzt. Und wenn das so ist, hast du dann nicht den Tagen, die trotz allem licht sind, den Rücken gekehrt und dich in einem düsteren und dunklen Gedankenlabyrinth verirrt, wo ich dich nicht erreichen und wieder hinausführen kann?

Wir leben nicht ewig, Aurel. Das bedeutet nicht, dass wir die Tage, die wir bekommen, nicht nutzen sollten.

Über deine Seele – die du mehr liebst als alles andere – schreibst du am Ende deines sechsten Buches: »Sie legte sich so, sie legte sich anders, auf den Rücken, auf die Seiten, auf den Bauch; hart war jedes Liegen, und Du allein bist die Ruhe.«[105]

Wieder muss ich an die vielen Tage und Nächte denken, die wir zusammen in Karthago verbracht haben. Wir fanden auch beieinander eine tiefe Ruhe. Und damals hast du gesagt: Wo du bist, will auch ich sein. Aber dieses Versprechen hast du nicht gehalten. Wie ein Dieb hast du dich von mir losgerissen und dich in die Irrgänge der Theologen geschlichen, ohne meine Leitfäden mitzunehmen.[106]

Du beginnst dein siebtes Buch mit folgenden Worten: »Schon war meine Jugend gestorben, die üble, die gottlose, und ich ging in die Mannesreife, und je mehr ich in die Jahre kam, umso beschämender war mein Unvermögen.«[107] Aber was ist Sünde, gnädiger Bischof? Und was ist Gottlosigkeit? Oder Unvermögen? Ist das nicht alles, was uns von Gott trennt?

Du fügst hinzu: »Etwas Wirkliches anders zu denken, als es sich mit diesen Augen sehen lässt«[108], sei dir unmöglich gewesen. Aber stell dir nun vor, es gibt keine andere Wirklichkeit! Dann hast du dich nicht dem Licht zugewandt, sondern hast ihm den Rücken gekehrt!

104 *Omnem crede diem tibi diluxisse supremum.*
105 Bekenntnisse VI,16: »bei Dir«, d. h. »bei Gott«.
106 Vgl. Fußnote 100
107 Bekenntnisse VII,1
108 Ebenda

Siehst du vielleicht den Wald vor lauter Bäumen nicht, Aurel?[109] Kannst du überhaupt noch sehen, dass es um dich herum eine Welt gibt? Wenn das, was du mit bloßem Auge sehen kannst, dir nicht gefällt, dann kannst du dich blenden. Mir würde das aber als Gotteslästerung erscheinen!

Weiter schreibst du, dass du nach und nach zu der Erkenntnis kamst, dass »etwas, was keinem Wandel unterliegt, besser sei als etwas, was dem Wandel unterliegt«.[110] Das klingt recht klug und durchdacht, das muss ich zugeben. Die Frage ist nur, ob es überhaupt etwas gibt, das »nicht dem Wandel unterliegt«, woran unsere Seelen sich klammern können. Und wenn es nichts dergleichen gibt, dann ist es nach meiner Ansicht klüger, das zu suchen, was dem Wandel unterliegt, als das, bei dem das nicht der Fall ist. Ich gehe davon aus, dass die Augen noch nicht ausgestochen sind und dass der Bischof von Hippo sich noch nicht aus Liebe zum Himmelreich entmannt hat. Dichterische Begeisterung, Aurel. Kannst du verzeihen?

Und immer weiter erzählst du davon, was du vor deinem inneren Auge gesehen hast, und von deiner Liebe zu dem, was keinen Körper hat. Ich friere. Wenn es nun jemanden gäbe, der die

Macht hätte, den Gesang der Vögel zum Verstummen zu bringen, nur, weil er vor seinem inneren Ohr einen noch lieblicheren Gesang gehört hat? Oder wenn es nun jemanden gäbe, der die Macht hätte, alle Blumen und Bäume zum Verwelken zu bringen, weil er mit seiner inneren Nase einen noch schöneren Duft als die Düfte der Natur gerochen hat? Ja, wenn es nun jemanden gäbe, der die Macht hätte, alle Häuser und alle Kunstgegenstände auf der ganzen Welt zu zerstören, weil seine ganze Liebe den körperlosen Dingen gilt?

Für mich hörten die Vögel auf zu singen. Die Blumen waren nicht mehr so bunt wie vorher, niemand roch an meinen Haaren. Und niemand umarmte meinen Leib. Auf diese Weise habe ich doch etwas von Didos Schicksal geteilt. Aber die Kamee, die ich in der Hand halte, gebe ich nicht her.

109 *Frondem in silvis non cernis?* Ungefähr dasselbe wie unsere Redensart »den Wald vor lauter Bäumen nicht sehen«.

110 Bekenntnisse VII,1

XIII

Im achten Buch erzählst du von deiner Bekehrung in Mailand, nach der du dann doch eine Art Frieden gefunden hattest. Du schreibst: »Dass Du das ewige Leben bist, davon war ich schon gewiss, ob ich es auch ›im Rätsel nur‹ und ›wie im Spiegel geschaut‹.«[111] »Doch aller Zweifel an einer unzerstörbaren Wesenheit, der Ursache alljeglicher Wesenheit«[112] sei dir nun genommen gewesen.

Doch, lieber Aurel, vielleicht gibt es ein unvergängliches Wesen, das die ganze Welt und alle Lebewesen auf Erden erschaffen hat, auch Frauen und Kinder. Aber die Folgerungen, die du aus deinem Glauben ziehst, bleiben für mich ein Rätsel.

»Mir aber gefiel mein Treiben in der Welt nicht mehr«, schreibst du. »Es lag auf mir als Last.«[113] Und du erklärst genau, was du unter »deinem Treiben in der Welt« verstehst: »Nur dem Weibe war ich mit zäher Fessel noch verbunden. Es wehrte mir ja auch der Apostel nicht die eheliche Gemeinschaft, obzwar er zum Besseren mahnt, indem er am liebsten gewollt hätte, alle Menschen möchten es halten wie er. Dazu war ich zu schwach, ich zog es vor, mich weicher zu betten, und einzig deshalb schlug ich auch mit all dem Übrigen mich herum, müd und krank von Sorgenlast.«[114]

Ein wenig später fügst du hinzu: »Und so hatte ich ja schon die echte Perle gefunden, und sie stand zu kaufen gegen Hingabe all des meinigen, und ich – schwankte noch.«[115]

Ungefähr um diese Zeit hast du mir wohl den Brief geschrieben, in dem du dich darüber auslässt, wie sehr dir unsere Umarmungen fehlen. Aber mach dir wegen dieses Briefes keine Sorgen, ich werde ihn dem Priester nicht zeigen.

Deine Bekenntnisse gehen so weiter: »Also war ich von der Schwere der Welt, wie es gewöhnlich ist beim Schlafe, süß beladen, und die

111 Vgl. 1. Kor. 13,12. In der *Vulgata* so übersetzt: *Videmus nunc per speculum in enigmate, tunc autem facie ad faciem, nunc congnosco ex parte, tunc autem cognoscam sicut et cognitus sum* (Wir sehen jetzt durch einen Spiegel, in einem dunklen Wort; dann aber von Angesicht zu Angesicht. Jetzt erkenne ich stückweise; dann aber werde ich erkennen, gleichwie ich erkannt bin).

112 Bekenntnisse VIII,1

113 Ebenda

114 Ebenda

115 Bekenntnisse VIII, 5

Gedanken, mit denen ich zu dir sann, glichen den Bemühungen der zum Vollerwachen Gewillten, die gleichwohl, von der Tiefe der Schläfrigkeit übermannt, wieder doch sich sinken lassen. Und wie es keinen gibt, der immer nur schlafen möchte, und nach dem gesunden Urteil aller das Wachsein doch das Bessere ist, aber freilich der Mensch, wenn ihm der schwere Taumel in den Gliedern ist, zumeist es hinausschiebt, den Schlaf von sich zu schütteln und ihn gar zu gern, auch wenn schon einiges Missbehagen dabei ist, noch fortgenießt, obgleich es Zeit zum Aufstehen wäre: Genauso war es mir gewiss, dass es besser wäre, mich deiner Liebe hinzugeben, als meinem Gelüste nachzugeben.«[116]

Aber Aurel! War das nun wirklich nötig? Ich finde, hier wiederholst du dich, das hast du uns alles schon mitgeteilt, aber du bist ja immer schon leidenschaftlich gern auf demselben Thema herumgeritten. Und es geht immer noch weiter: »... dass schon so viele meiner Jahre, zwölf Jahre wohl, mit mir geschwunden waren, seitdem ich, im neunzehnten Jahre meines Lebens, an Ciceros Hortensius zum Streben nach der Weisheit erwacht war, und noch immer schob ich's hinaus, nicht nach Erdenglück zu fragen und frei für das Forschen nach ihr zu werden, die nicht erst gefunden, nein, auch nur gesucht für köstlicher gelten müsste als aller Gewinn von Schätzen und Kronen der Erde und auf bloße Wunschgewalt ringsum sich ergießende Sinnenlust des Leibes.«[117]

Dann schreibst du, wie Gott dich aus den Fesseln der Sinnenlust befreit hat: »Gib mir Keuschheit und Enthaltsamkeit, nur gib sie nicht schon jetzt! Denn ich fürchtete, Du möchtest mich sogleich erhören und sogleich mich heilen von der Krankheit der Begier, die ich lieber stillen wollte, als dass sie mir erloschen wäre. Und ich hatte ›böse Wege‹ eingeschlagen, Wege frevlen Aberwitzes, zwar nicht eben sicher meiner Sache, aber doch wie einer bessern Wahl Ihm zugetan, als mich das andere deuchte, dem ich feind entgegenstand, statt fromm es zu erstreben.«[118]

Und dann kam schließlich deine neue Braut und umarmte dich, »heiter, doch nicht ausgelassen fröhlich, in Züchten liebewerbend«.[119]

Fast möchte ich dich beglückwünschen, denn

116 Ebenda
117 Bekenntnisse VIII,7
118 Ebenda
119 Bekenntnisse VIII,11

auf diese Weise hast du ja doch noch geheiratet, eine unsichtbare Königin zwar, aber sie war es ja, die du begehrtest. Und du konntest heiraten, ohne eine neue Frau in das Haus deiner Mutter aufnehmen zu müssen. So hatte sie alles, was sie wollte, sie war zweifellos sehr glücklich, und das versuchst du ja auch nicht zu vertuschen. Sie konnte dich auf einen Schlag verheiraten und auch noch taufen lassen.

Du schreibst über deine heftigen Gemütsbewegungen nach deiner Bekehrung – um nicht von deiner Hochzeit zu sprechen: Da »erhob sich der schwere Sturm, der einen schweren Regen von Tränen brachte. Um ihn ganz und laut zu vergießen, stand ich auf und ging weg von Alypius – denn Alleinsein schien mir besser zum Werke der Tränen – und ging weit genug, bis mir die Gegenwart auch des Freundes nicht mehr lästig fallen konnte. So war mir's jetzt, und er fühlte es; ich hatte, glaube ich, ein paar Worte gesagt, schon mit tränenschwerem Klang der Stimme, und also war er aufgestanden. Er blieb zurück, wo wir gesessen hatten, sehr betroffen. Ich aber warf mich unter einem Feigenbaum zu Boden, ich weiß nicht, wie es kam, und ließ den Tränen ihren Lauf, und Ströme brachen aus meinen Augen, das Opfer, das Du liebst.«[120]

Du suchtest also noch einmal Zuflucht unter einem Feigenbaum, und auf diese Weise schloss sich gewissermaßen der Kreis, denn du musst doch an unseren Feigenbaum zu Hause, hier in Karthago, gedacht haben. Bist du je in Rom gewesen, fragtest du. Mir läuft es kalt den Rücken hinab, wenn ich daran denke, denn jetzt, wo ich deine Bekenntnisse gelesen habe, erscheint mir das, was damals passiert ist, fast schon prophetisch. Ist es möglich, dass einige von diesen Tränen, die in Strömen aus deinen Augen brachen, auch mir galten?

Erst durch deinen Zusammenbruch unter dem Feigenbaum in Mailand hatte Aeneas sein gelobtes Land gefunden. Jetzt war es vollbracht: Alles hatte die Liebe überwunden![121]

Du schreibst: »Wir gehen hinein zur Mutter und sagen's ihr: Sie freut sich. Wir erzählen, wie alles herging: Sie jubelt und frohlockt ... denn Du hast mich gewandelt hin zu Dir, dass ich nicht mehr nach dem Weibe fragte, nicht nach einer

120 Bekenntnisse VIII,12

121 *Omnia vincerant amorem.* Ich nehme an, dass Floria hier Vergils »Die Liebe besiegt alles« auf den Kopf gestellt hat. Auch Vergil benutzt nämlich die Wortstellung *omnia vincit amor.* Aeneas war übrigens der Sohn der Liebesgöttin Aphrodite (Venus).

Hoffnung sonst auf dieser Welt: Nun stand ich mit ihr auf jenem Richtscheit des Glaubens, auf dem Du mich vor so vielen Jahren ihr im Gesichte gezeigt hattest. Und ›Du hattest ihre Trauer in Freude gewandelt‹, viel reichlicher als ihr Wunsch gegangen wäre, viel köstlicher und keuscher als die an Enkeln aus meinem Fleische, die sie erwartet hatte.«[122]

Hast du damals Adeodatus' Möglichkeiten in dieser Hinsicht nicht vielleicht ein bisschen zu rasch abgeschrieben? Du konntest doch noch nichts von seinem späteren unseligen Schicksal ahnen! Oder ließ sich der arme Junge ebenfalls von der Enthaltsamkeit umarmen? Oder hast du ihn nicht länger als deinen Sohn betrachtet? Nun, er war eben ein uneheliches Kind, und wir sind noch nicht beim letzten Akt der Tragödie angekommen.

Über die Rückreise vom Landsitz des Verecundus schreibst du im neunten Buch: »Auch den Knaben Adeodatus nahmen wir mit uns, meinen Sohn dem Fleische nach, die Frucht meiner Sünde. Du hattest ihn so wohl geschaffen. Er zählte an die fünfzehn Jahre; an Begabung tat er's vielen Männern von Rang und Bildung zuvor. Dein sind diese Gaben, für die ich preisend mich vor Dir bekenne, Herr, mein Gott, Du Schöpfer aller Wesen und machtgewaltig, unserm Missgetanen wohl zu tun: Denn mein eigener Anteil an diesem Knaben war nichts als die Sünde. Denn dass er in Deiner Zucht von uns aufgezogen wurde, das hattest Du uns eingegeben, niemand sonst: Deine Gaben sind es, für die ich preisend mich zu Dir bekenne.«[123]

Und dann schreibst du noch: »Es gibt ein Buch von mir mit der Überschrift ›Der Lehrmeister‹: Der dort mit mir die Zwiesprache führt, das ist er. Du weißt, dass alles, was dort als Rede des Teilnehmers steht, seine, des erst Sechzehnjährigen Gedanken sind. Und vieles andere, noch erstaunlicher, habe ich an ihm erlebt. Zum Erschrecken war mir diese Begabung; und wer sonst als Du wäre der Meister so wundergroßer Dinge? Früh hast Du sein Leben hinweggenommen von der Erde, und ich gedenke seiner umso ruhiger, kummerlos, was seine Kindheit angeht, seine Jugend, ja, diesen Menschen überhaupt.«[124]

Ich will dir nicht verschweigen, wie sehr mir diese Zeilen wehtun. Und ich erschaudere, aber das hat einen anderen Grund. Ob es Gott

122 Bekenntnisse VIII,12
123 Bekenntnisse IX,6
124 Bekenntnisse IX,6

war, der Adeodatus aus diesem irdischen Leben hinweggenommen hat, weiß ich nun wirklich nicht. Ich weiß nur, dass du ihn seiner Mutter weggenommen hast. Adeodatus war mein einziges Kind, gnädiger Bischof! Und er befand sich in deiner Obhut, als er schließlich krank wurde und wir ihn beide verloren haben!

Sicher bist du jetzt sehr zufrieden, da du keine Angst mehr haben musst, auch Adeodatus könne sich von einer listenreichen Frau unter einen Feigenbaum locken lassen! Meine Sorge wäre wohl eher, auch er könne eines Tages vor der Enthaltsamkeit auf die Knie fallen – als ihr Sklave und ihr Pantoffelheld![125]

IX

Jetzt werde ich einiges überspringen, um schneller zu meinem wirklichen Anliegen zu kommen. Außerdem habe ich mein halbes Vermögen für Pergament ausgegeben, und mir bleiben nicht mehr viele Bögen.

Auf der Rückreise nach Afrika kamt ihr

125 Den Ausdruck »Pantoffelheld« finden wir schon in der Spätantike, wie ich Fredrik Bies Buch *Romersk kultur,* Gyldendal Norsk Forlag, 1958, S. 59, entnommen habe. Ich habe dieses Wort allerdings weder in Wortlisten noch in Texten aus der Spätantike finden können. Floria benutzt den Ausdruck *crepundia,* der vielleicht eher mit »Klapper« oder »Tand« übersetzt werden sollte (er kommt von *crepo,* klappern, rasseln oder bimmeln). Aber vgl. auch *crepida,* griechische Sandale, vermutlich vom selben Verb abgeleitet. Wörtlich übersetzt bezeichnet Floria Aurel also als »Klapper« oder »Rassel« der Enthaltsamkeit. Ich habe mich hier für eine freiere Übersetzung entschieden.

Und vielleicht bezog sich auch Fredrik Bie auf das Wort *crepundia,* wenn er vom »Pantoffelhelden« schrieb, er dachte an einen schwachen Mann als Spielzeug seiner Frau. Wahrscheinlicher ist jedoch, dass Bie an das Adjektiv *uxorius* gedacht hat – was einen Mann bezeichnet, der gar zu abhängig von seiner Gattin, der der Sklave seiner Ehefrau ist. Vergil und Horaz benutzen beide das Wort *uxorius* in dieser Bedeutung.

nach Ostia am Tiber. Du schreibst über Monika und dich: »Dort unterhielten wir uns köstlich innig« darüber, »welcher Art wohl dereinst das ewige Leben der Heiligen sei«. Dieses Gespräch brachte euch dann zu dem Ergebnis, »dass mit der Wonne des ewigen Lebens kein Entzücken unserer fleischlichen Sinne, wie groß es auch sei, sich vergleichen, ja daneben auch nur nennen lasse«.[126]

Du musst schon verzeihen, gnädiger Bischof, aber ich bin jetzt eine gebildete Frau. In aller Demut empfinde ich deshalb ein gewisses Bedürfnis danach, anzudeuten, dass sich das alles eher wie eine Art Beschwörung anhört. Denn was, wenn du dich gerade an diesem entscheidenden Punkt geirrt hast! Dann würdest du Epikur die Palme zuerkennen, hast du damals gesagt, als du mich noch gekannt hast. Ich glaube, du wärst dann sofort mit Adeodatus nach Karthago zurückgekehrt. Dann hättest du nämlich keine andere Wahl gehabt, dann hättest auch du hier und jetzt als ganzer Mensch leben müssen, und ich glaube, du hättest mehr als genug irdische Liebe gehabt, um sie mit uns anderen zu teilen.

Das Leben ist so kurz, dass wir es uns nicht erlauben können, ein endgültiges Urteil über die

Liebe zu fällen. Wir müssen erst leben, Aurel, dann können wir philosophieren.

Aber bei allem dürfen wir Monika nicht vergessen. In Ostia legte sie »sich fieberkrank zu Bett«. Und du erfuhrst, dass sie »in mütterlicher Vertraulichkeit« mit einigen deiner Freunde »von der Verachtung des Lebens hier und der Wohltat des Sterbens«[127] gesprochen hatte. Sic!

Sie war ein frommer Mensch – es gelang ihr, dieses Leben zu verachten, meine ich. Ich möchte aber trotzdem hinzufügen, dass das vielleicht auch bedeutet, Gottes Schöpfung zu verachten. Wir wissen doch nicht, ob Gott für uns noch eine andere Welt erschaffen hat. Ich sehe ja ein, dass ich mich nun auch wiederhole, aber das liegt daran, dass du dich in deinen Bekenntnissen so oft wiederholst, gnädiger Bischof! Ich meine, es muss als menschlicher Übermut bezeichnet werden, dieses Leben mit all seinen irdischen Freuden um einer Existenz willen zu verachten, die vielleicht nur eine Abstraktion ist. Du hast doch wohl nicht vergessen, dass für Aristoteles solche Vorstellungen allesamt zur Ideenwelt gehören?

126 Bekenntnisse IX,10
127 Bekenntnisse IX,11

Das Leben ist so kurz, Aurel. Wir dürfen auf ein Leben nach dem Tode hoffen. Aber wir dürfen andere Menschen und uns selber nicht schlecht oder als Werkzeug behandeln, um eine Existenz zu erreichen, von der wir nichts wissen. Es gibt übrigens noch eine weitere Möglichkeit, die du in keinem deiner Bücher auch nur zur Sprache bringst. Als kaiserlicher Rhetor solltest du auf jeden Fall die Möglichkeit in Erwägung ziehen, dass es für einzelne Seelen ein ewiges Leben gibt, dass diese Seelen aber nach anderen Maßstäben ausgewählt werden, als sie für dich selbstverständlich sind. Ich glaube zum Beispiel nicht, dass es in jedem Fall eine größere Sünde ist, wenn ein Mann sich zusammen mit der Frau in seinem Leben der sinnlichen Liebe hingibt, als wenn er diese Frau von ihrem einzigen Sohn trennt. Ich selber freue mich über die Vorstellung, dass der Gott, der Himmel und Erde geschaffen hat, eben auch der Gott ist, der Venus erschaffen hat. Weißt du noch damals, als ich in guter Hoffnung war? Oder wie ich den kleinen Adeodatus gestillt habe? Selbst damals hast du es gewagt, mich anzurühren, und du hast dich nach keiner anderen gesehnt.

Hattest du dich damals am weitesten von Gott entfernt?

Ich behaupte nicht, über das alles etwas zu wissen. Ich sage nur, dass ich nichts weiß. Ich sage nicht einmal, dass ich nicht an Gottes Urteil glaube. Ich sage nur, dass ich vielleicht auch daran glaube, dass Gott es verurteilt, wenn wir allen Freuden, aller Wärme, aller Zärtlichkeit den Rücken kehren, die der Bischof von Hippo Regius jetzt leugnet. Das ist Florias Bekenntnis!

Und dann starb Monika am neunten Tag ihrer Krankheit, mit siebenundfünfzig Jahren – ich war dreiunddreißig, Aurel. Damals wurde »diese gottverbundene, edle Seele aus ihrem Leibe gelöst«.[128] Du schreibst: »Nun war in dem Augenblick, da sie verhauchte, der Knabe Adeodatus in lautes Weinen ausgebrochen.« Aber »es schien uns denn auch ungehörig, dieses Todeslager mit lautem Weinen und Seufzen zu erfüllen: Denn so klagt man gewöhnlich doch über das Elendslos der Sterbenden oder als käme nun das gänzliche Verlöschen. Sie aber starb nicht elend, und sie starb nicht ganz.«[129]

Friede ihrem Namen, Bischof! Du verbirgst

128 Ebenda
129 Bekenntnisse IX,12

uns auch nicht, dass du sehr, sehr leiden musstest und dass du deinen Tränen freien Lauf ließest, sobald du allein warst. Du hast dich zwar ein wenig geschämt, weil du um deine Mutter geweint hast, denn das konnte ja darauf hinweisen, dass du noch immer über irdische Gefühle verfügtest.

Weißt du noch, wie wir uns einmal über den Übermut[130] der griechischen Helden unterhalten haben? Ich halte es an dieser Stelle für angebracht, dich daran zu erinnern, dass auch du nur ein Mensch bist.[131] Wie lange, Aurel, willst du meine Geduld noch missbrauchen?[132] Wie sehr du dich auch drehst und wendest, auch du hast »irdische Gefühle«, falls du überhaupt Gefühle hast, meine ich, denn was für Gefühle solltest du schon haben, wenn nicht irdische?

Und dann erhielt ich den zweiten Brief meines Aurel …

Nachdem du Monika in Ostia begraben hattest[133], reistest du zusammen mit Adeodatus nach Rom, wo ihr fast ein Jahr verbrachtet. Aber über dieses Jahr lesen wir nichts in deinen Bekenntnissen, gnädiger Bischof. Warum lässt du es unerwähnt? Gibt es vielleicht selbst für deinen Bekenntnisdrang noch eine Grenze?

Zu gestehen ist wie eine Medizin, wenn wir

gefehlt haben, schreibt Cicero.[134] Aber deine wichtigsten Fehler bekennst du nicht! Wie kannst du den letzten Akt der Tragödie einfach ausfallen lassen? Denn was können wir dann aus der Tragödie noch lernen?

Nach Monikas Tod bist du offenbar plötzlich in einen Zustand des Zweifels und der Leere gestürzt. Du warst nun mit deinem Sohn allein, Monika war nicht mehr, und ich fehlte dir, Aurel, ich fehlte dir. Und ich habe bestimmt auch Adeodatus gefehlt, schließlich hatte er mich seit zwei Jahren nicht mehr gesehen. Aber er hat mich nie mehr wieder gesehen, so, wie ich ihn nie mehr wieder sehen durfte.

130 Vgl. das griechische Wort *hybris* – *hybris* rief die Strafe der Götter hervor (*nemesis*). Floria verwendet hier das lateinische Wort *superbia.*

131 *Te hominem esse memento.* Diese Worte sollten einem Sieger auf seinem Triumphzug durch Rom ins Ohr geflüstert werden.

132 Vgl. Ciceros erste Rede gegen Catilina: Wie lange, Catilina, wirst du noch unsere Geduld missbrauchen?

133 Monikas Grab in Ostia wurde im Sommer 1945 vor der Kirche Santa Aurea von zwei Jungen gefunden, die ein Loch in den Boden gruben, um ein Basketball-Tor anzubringen.

134 *Fit errantibus medicina confessio.*

In deinem Brief teiltest du mir mit, dass Monika gestorben war. Ich will dich jetzt nicht belästigen, indem ich alles, was du mir damals geschrieben hast, noch einmal zusammenfasse, aber auf jeden Fall wolltest du mir unbedingt erklären, dass deine Verlobung aufgehoben sei und dass du niemals heiraten wolltest. Aber vielleicht sollte ich dich doch an die letzten Sätze deines Briefes erinnern. Du schreibst: »Wie du mir fehlst, Floria! Ich wünschte, du wärst jetzt mit uns zusammen. Ich will dich sehen, ich will dich sehen und will es auch wieder nicht. Ich will, aber ich kann nicht, und ich kann nicht, aber ich will.«

Es fällt den Menschen eben manchmal schwer, sich zu entscheiden, und dann ist es doch kein Wunder, dass wir bisweilen den falschen Entschluss fassen. »Ich weiß, was gut für mich wäre, aber ich mache das, was mir schadet«, schreibt Ovid.[135]

Unter diesen Brief durfte Adeodatus einen kurzen Gruß an seine Mutter schreiben. Das war lieb von dir, Aurel, und sehr umsichtig, denn auch Adeodatus hat sich sicher darüber gefreut.

Ich vermisste dich auch, und ich verstand deinen Brief so, dass du mich gern sehen wolltest.

Also reiste ich nach Rom. Ich hatte Glück und fand nur wenige Tage später eine Überfahrt.

Die ganze Zeit hatte ich immer wieder den einen Satz in den Ohren: Bist du schon einmal in Rom gewesen? Als ich nun zum zweiten Mal dort eintraf, diesmal ganz allein, musste ich mich in den Gemeinden erst nach dir erkundigen. Aber schon wenige Tage später begegneten wir uns oben auf dem Aventin und konnten uns wieder umarmen.

Dort standen wir dann lange und schauten uns tief in die Augen, so tief, wie das unseren Blicken nur möglich war. Und kamen wir uns dabei nicht vor wie eine einzige lebendige Seele, die sich in sich selber zu spiegeln schien? Und dann hast du etwas gesagt, Aurel, weißt du das noch? Jetzt wirst du immer bei mir bleiben, hast du gesagt.

Du bist nicht *gefallen*, als wir dann für einige kurze Wochen unser altes gemeinsames Leben wieder aufgenommen haben. Ich meine, du bist damals zu einem neuen Leben auferstanden, nachdem du im Schattental der Theologen gelebt

135 *Video meliora proboque, deteriora sequor.* Vgl. Paulus, Römer 7,19. In der *Vulgata: Non enim quod volo bonum hoc facio sed quod nolo malum hoc ago.*

hattest. Was in diesen Wochen geschah, geht deswegen weder Gott noch die Menschen an. Ich hoffe, dass du deshalb in deinen Büchern nichts über jene Zeit schreibst.

Weißt du noch, wie wir auf dem Forum stehen blieben und zu dem Schnee hochblickten, der die Kaiserpaläste bedeckte? Ich sagte, »ich friere«, und du zogst mich an dich, so eng, dass ich spürte, wie dein Blut mich wärmte. Ich weiß noch, dass ich mich zu dir umdrehte und sagte, du hättest wohl kein Schamgefühl mehr. Aber ich wollte dasselbe. Wir waren zwei Menschen, aber nur ein Wille.

Wir konnten nicht unter demselben Dach wohnen, denn du wolltest mich nicht mit Adeodatus zusammenbringen, noch nicht jedenfalls, sagtest du. Ich wäre vor Sehnsucht nach ihm fast gestorben. Aber du meintest, es würde eine zu große Enttäuschung für ihn sein, wenn aus irgendeinem Grund doch nichts aus unserer neuen Vereinigung werden sollte. Also mietetest du das Zimmer oben auf dem Aventin, einen Ort, an dem du und ich uns sehen konnten.

Wie könnten wir diesen Winter vergessen, Aurel? Wieder waren wir mit Venus im Bunde und konnten frei in ihren Armen spielen. Hast du damals nicht gesagt, du kämst dir vor wie ein verdorrter Baum, der sich plötzlich nach langer Zeit wieder aufrichtete, als nach einem langen Sommer der Dürre schließlich doch der Regen einsetzte?

Ich fasse mich jetzt nicht nur kurz, um dich zu schonen. Eines Nachmittags kehrtest du dich in plötzlichem Zorn gegen mich, nachdem wir wieder einmal die Gaben der Venus miteinander geteilt hatten. Und dann hast du mich geschlagen, weißt du das noch, Aurel? Ausgerechnet du, der einmal ein geachteter Rhetoriklehrer gewesen war, du hast mich halb tot geschlagen, weil du dich von meiner Zärtlichkeit in Versuchung hattest führen lassen. Und ich musste die Schuld für deine Lust auf mich nehmen. Ich habe bereits Horaz zitiert, will es aber gern noch einmal wiederholen: Wenn Dumme einen Fehler vermeiden wollen, dann begehen sie in der Regel den entgegengesetzten!

Du schlugst und schriest, Bischof, denn nun war ich wieder zu einer Bedrohung deines Seelenheils geworden. Und dann packtest du einen Stock und schlugst noch einmal auf mich ein. Ich dachte, du wolltest mich vielleicht totschlagen, das hätte dir wohl denselben Nutzen gebracht wie deine eigene Entmannung. Ich hatte nicht so sehr Angst um meine eigene Haut, vielmehr war ich wie zerstört, enttäuscht, und ich schämte mich so sehr für meinen Aurel, dass ich wünschte, du würdest meinem Leben ein für alle Mal ein Ende setzen, daran kann ich mich noch klar und deutlich erinnern.

Plötzlich war ich nichts mehr, du konntest mir einfach um deines Seelenheils willen den Rücken zukehren. Ich war zum blutenden Opferlamm geworden, das gebraucht wurde, damit die Tore des Himmels sich für dich öffneten.

Und dann weintest du, das werde ich nie vergessen. Du schlugst nicht mehr, aber ich blutete schon aus vielen Wunden. Und du weintest, und du tröstetest, und du batest mich um Verzeihung. Alles sei so anders, jetzt, ohne Monika, war deine Erklärung.

Du faltetest die Hände und flehtest bald mich, bald deinen Gott um Vergebung an. Du holtest Stoffstreifen, um meine Wunden zu verbinden. Ich selber war nur kalt und verängstigt. Kalt, weil ich noch immer blutete, verängstigt durch den Blick ins Gesicht einer Bosheit, die ich vorher nicht einmal geahnt hatte.

Etwas ganz Neues schien nun begonnen zu haben, eine neue Zeit. Die alte Zeit, als wir zusammen über die Arnobrücke gegangen waren, hatte geendet. Darauf waren einige Jahre voller

Verwirrung und Zweifel gefolgt. Und dann brach die neue Zeit an, als du plötzlich auf mich einschlugst. Ich hatte nur einen Gedanken: ausgerechnet du, Aurel, ausgerechnet du!

Dann hast du mich nach Hause geschickt, nach Karthago. Und ich hörte erst zwei Jahre später wieder von dir, nachdem Adeodatus gestorben war.

X

Die Tragödie ist zu Ende, Bischof. Jetzt folgte nur noch das Satyrspiel.[136] Vor mir liegen nämlich noch einige Auszüge aus deinem zehnten Buch.

Ich habe mich schon mehrmals dazu geäußert, wie du dir einen Sinn nach dem anderen und eine Lust nach der anderen vornimmst, während du den Herrn dafür preist, daß du keine irdischen Gefühle mehr spürst. Allerdings ist es doch nicht ganz leicht für dich, die tägliche Nahrungsaufnahme so zu regulieren, dass es für die Erhaltung der Gesundheit – und nur dafür – gerade ausreicht. Auf diese Weise führst du »einen täglichen Krieg, oft ›in Fasten‹«, um deinen »Leib in Dienstbarkeit zu bringen«. Du schreibst: »Denn hier geht es nicht, durch Willensentschluss auf einmal abzubrechen und nicht mehr darauf zurückzukommen, wie ich es beim geschlechtlichen Umgang vermochte.«[137]

Und nun sind wir wieder dort, wohin ich wollte. Du schreibst: »Du hast den Beischlaf, der nicht Ehe ist, verboten und hast zu Besserem noch als diesem Erlaubten der Ehe gemahnt.

Und weil Du mir's gegeben hast, so vollbrachte ich's, noch eh ich Verwalter Deines Sakramentes wurde. Aber in meinem Gedächtnis, von dem ich jetzt so viel gesprochen, da sind lebendig noch die Bilder von solchen Dingen, die meine Gewohnheit dort befestigt hat. Sie drängen sich im Wachen, freilich ohne Kraft, heran, im Schlafe aber wird daraus ein Wohlgefallen, mehr noch, schon ein Ja und Tun so ganz nach ihresgleichen. Und so viel vermag der Trug solchen Bildes in meiner Seele, meinem Fleische, dass mich im Schlafe unwirkliche Gesichte überreden, wozu den Wachen auch die gesehene Wirklichkeit nicht bringt. Bin ich dann nicht ich, Herr, mein Gott?«[138]

Nein, Aurel, vielleicht bist du nur ein Schatten

136 In klassischer Zeit folgte auf griechische Tragödienaufführungen immer das sogenannte Satyrspiel. Die Satyren waren ausgelassene, übermütige und halb göttliche Wesen, dargestellt als bockähnliche Geschöpfe in menschlicher Gestalt. Darin, dass Floria das zehnte Buch des Augustinus als Satyrspiel bezeichnet, liegt für mich eine tiefe Ironie, vielleicht ganz besonders, wenn wir bedenken, dass hier ein (halb göttlicher) Bischof bis zuletzt über seine lüsternen Triebe und Bedürfnisse klagt.

137 Bekenntnisse X,31

138 Bekenntnisse X,30

deiner selbst. Du wärest besser ein Tagelöhner in Diensten eines armen Bauern als ein Hohepriester im düsteren Labyrinth der Theologen.[139]

Und dann bittest du noch einmal deinen Gott um Hilfe: »Ist denn, allmächtiger Gott, deine Hand nicht mächtig, alle die Unkraft meiner Seele zu heilen und mit reicherer Gnade die lüsternen Regungen auch meines Schlafes zu ersticken? Ja, Herr, Du lässest reich und reicher Deine Gnaden in mir wachsen, dass meine Seele, ledig von diesem Vogelleim des Gelüstes, mir zu Dir hin folge, dass sie nicht mehr rebelliere gegen sich selbst, dass sie auch im Schlafe nicht unter Bildern von tierischer Geile jene Schändlichkeiten der Unzucht bis zum Fluss des Fleisches treibe, nein, dass sie nicht einmal den Willen dazu habe. Denn zu verhüten, dass nichts dergleichen, nicht so viel, als der keusche Wille des Entschlummerten mit einem bloßen Winke noch verscheuchen könnte, uns noch gelüste, in diesem Leben überhaupt, nicht nur in diesem Mannesalter, ist doch ein Kleines für dich ...« [140]

Armer Aurel! Wer viel begehrt, vermisst auch viel, schreibt Horaz.[141] Du bist doch fast schon fünfzig, fast möchte ich sagen, ich bin beeindruckt! Ich empfinde außerdem einen gewissen Stolz, weil ich bei dir einen dermaßen unauslöschlichen Eindruck hinterlassen habe. Dass unsere Liebe so stürmisch werden sollte, konnte ich an jenem Frühlingstag in Karthago, als du dich zu mir unter den Feigenbaum setztest, wirklich nicht ahnen. Aber »lüsterne Regungen« lassen sich nicht durch Enthaltsamkeit ausrotten, das weiß ich nun. Der Wolf schlüpft einfach nur in ein anderes Fell, gnädiger Bischof, nicht in ein neues Wesen.[142] Oder wie Zenon gesagt hätte: Warum ist es bloß so schwer, dem eigenen Schatten davonzulaufen? [143]

139 Floria bezieht sich vermutlich auf Achilles' Aussage über das Schattendasein des Totenreiches: »Lieber wollt ich als Tagelöhner den Acker bestellen/bei einem armen Mann, der nicht viel hat an Besitztum/als über alle die Toten, die hingeschwundenen, herrschen.« (Homer: Odyssee, 11,489–51, übersetzt von Roland Hampe.) Floria bezeichnet Augustinus als lebenden Toten – im Totenreich der Kirche –, so, wie er zahllose Male ein Leben der »Sinnenlust« mit dem Tode verglichen hat.

140 Bekenntnisse X,30

141 *Multa petentibus desunt multa.*

142 Eine Anspielung auf das Sprichwort *Lupus pilum mutat, non mentem.*

143 Zenon von Elea, griechischer Philosoph, um 460 v. Chr., bekannt für seine Beweise der Unmöglichkeit von Vielfalt und Bewegung, z. B. für das Paradoxon über Achilles und die Schildkröte. Floria spielt jedoch auf ein Zitat an, das in den erhaltenen Quellen nicht auffindbar ist. Aller Wahrscheinlichkeit nach ist ihr Gedächtnis hier nicht ganz zuverlässig.

Wenn uns die Liebe oder unsere Mahlzeiten gut schmecken, sollen wir also um beides einen Bogen machen. Und du bist auch bereit, ewig auf die Verlockungen des Geruchssinns zu verzichten, schreibst du. Ich frage mich, was denn dann noch übrig bleibt, gnädiger Bischof, von unserem Leben auf Erden, meine ich. Denn auch das Gehör bringt gefährliche Versuchungen mit sich! Du schreibst: »Die Freuden des Gehörs hatten mich fester umstrickt und ins Joch gebeugt, aber Du hast mich los- und freigemacht. Noch heute, ich gesteh es, kann ich an den Weisen, die von Deinen Worten durchseelt sind, gern mich ein wenig verruhen, wenn sie von angenehmer, künstlerischer Stimme gesungen werden ... so sündige ich hierin ohne Gefühl der Sünde, danach aber fühl' ich es: Sünde!«[144] Bisweilen wünschst du dir, alle die herrlichen Melodien, zu denen Davids Psalmen gesungen werden, würden nicht nur aus deinen, sondern aus den Ohren der gesamten Kirche entfernt, schreibst du. Und du fügst hinzu: »Dann erschien mir das Verfahren des Bischofs Athanasius von Alexandrien für unbedenklicher: Er ließ, wie mir oft erzählt wurde ..., den Psalmenlektor mit so gelindem Auf und Ab der Stimme vortragen, dass es mehr einem getragenen Lesen als einem Singen glich.«[145] Die arme Gemeinde, gnädiger Bischof. Soll nicht auch die Kunst ein Gottesdienst sein? Und der Gottesdienst Kunst?

Du hast aufgehört zu lieben, Aurel. Und du hast aufgehört, mit Appetit zu essen, an den Blumen zu riechen, und auch dem Psalmengesang magst du nicht mehr lauschen. Du schreibst: »Bleibt noch die Lust dieser Augen meines Fleisches … Schönheit und Wechsel der Formen, Leuchtkraft und Anmut der Farben liebt das Auge. Aber diese Dinge sollen nicht meine Seele haben, haben soll sie Gott: Er hat das wohl erschaffen, ja ›sehr gut‹ erschaffen, aber Er, nicht das, ist mein Gut.« Und du seufzt gewissermaßen tief auf und gibst zu: »Aber das stoffliche Licht hier, von dem ich sprach, hat eine lockende, gefährliche Süße, die dem blinden Weltling das Leben so schmackhaft macht.« Und du fügst hinzu: »Um wie vieles, Unzähliges haben doch die Menschen die Dinge der Augenlust durch allerlei Kunst und Handwerk vermehrt, so an Kleidern und Schuhzeug, Geschirr und Hausrat aller Art, auch an Malereien und Plastiken in reicher

144 Bekenntnisse X,33
145 Ebenda

Abwechslung, und das alles weit hinaus über den notwendigen und maßvollen Bedarf und ohne jeden Sinnbezug auf Religion: Ja, draußen laufen sie dem nach, was sie selber sich schaffen, und drinnen geben sie den auf, von dem sie geschaffen sind, und lassen das verkommen, als was sie geschaffen sind.«[146] Falls es nicht gerade unsere Aufgabe als Geschöpf ist, gnädiger Bischof, uns über Gottes Schöpfung zu freuen. Ich erinnere dich gern noch einmal daran, dass es nie zu spät ist, dem Beispiel König Oedipus'[147] zu folgen.

Du schließt das Ganze damit ab, dass du vor den Versuchungen warnst, in die die Neugier den Menschen führen kann: »Durch die gleichen Sinne des Leibes will sie zwar nicht im Fleische ihre Lust haben, aber durch das Mittel des Fleisches Erfahrung machen: Sie bemäntelt ihren hohen Fürwitz mit dem Namen Erkenntnis und Wissenschaft. Da sie auf dem Erkenntnistrieb beruht ...«[148] Das schreibst du, Aurel, du, der einst zum kaiserlichen Hofrhetor in Mailand ernannt worden ist. Wenn du nur geschwiegen hättest, dann könntest du noch immer als Philosoph gelten![149]

Dann warnst du uns noch davor, unsere Sinne vom Gang der Sterne fesseln zu lassen – oder von einem Hund, der einen Hasen jagt. Und du gehst ganz konkret vor, um uns klarzumachen, wie leicht wir der Versuchung erliegen, uns von dem zerstreuen zu lassen, was unsere Augen sehen. Du schreibst: »Oft, wenn ich zu Hause sitze, kann ich gespannt einer Eidechse zuschauen, wie sie Fliegen fängt, einer Spinne, die sie umwickelt, wenn sie ihr ins Netz geraten sind. Kleine Tierchen, gewiss, aber ist die Sache nicht die gleiche? Wohl gehe ich von solchen Eindrücken dazu über, Dich zu preisen, wundergroßer Schöpfer und Ordner der Dinge all und all, aber das war nicht von Anfang gleich der Grund, mich ihnen hinzugeben. Ein anderes ist

146 Bekenntnisse X,34

147 Vgl. Fußnote 40

148 Bekenntnisse X,35

149 *Si tacuisses, philosophus manusisses.* (Wenn du geschwiegen hättest, wärst du ein Philosoph geblieben.) In meinen Augen ist das Florias bemerkenswertester Ausspruch. Wir kennen diesen Ausdruck aus dem Buch *Trost der Philosophie* des Boethius (ca. 480–524), das an die hundert Jahre jünger ist als Florias Brief. Ich bin fast überzeugt davon, dass Boethius – ob direkt oder indirekt – zumindest Teile von Florias Brief gekannt haben muss. Boethius hatte die Werke des Augustinus intensiv studiert. Es ist nicht unwahrscheinlich, dass er außerdem den *Codex Floriae* gekannt hat. Einzelne Zitate aus Florias Brief können ihm jedenfalls überliefert worden sein.

es, schnell wieder hochzukommen, ein anderes, überhaupt nicht zu fallen.«[150]

Ich muss dabei an Ikaros denken.[151] Wie schnell stieg er auf – und wie schnell stürzte er wieder ab. Er hatte nämlich vergessen, dass er nur ein Mensch war. Wenn du diesen Vergleich aber besser findest, dann kann ich dich auch daran erinnern, was mit den Menschen von Babel passierte, nachdem sie versucht hatten, einen Turm zu bauen, der bis in den Himmel reichte.

Ich schreibe ebenso aufrichtig wie du, gnädiger Bischof, und ein Brief kann nicht erröten.[152] Ich glaube, du bist sehr müde nach allem, was du durchgemacht hast, sehr müde, und das verhehlst du ja auch nicht. Wenn du nun doch nur mir – und also der stofflichen Welt – einige Stunden deines Lebens auf Erden geben könntest! Geh aus dem Haus, Aurel! Geh hinaus und lege dich unter einen Feigenbaum. Öffne deine Sinne – und sei es zum allerletzten Mal. Für mich, Aurel, und für alles, was wir zwei uns einst gegeben haben. Hol Atem, lausch dem Gesang der Vögel, sieh zum Himmelsgewölbe empor[153] und nimm alle Düfte in dich auf. Das ist die Welt, Aurel, und sie ist hier und jetzt. Hier, jetzt. Du bist im Labyrinth der Theologen und der Platoniker gewesen. Aber das ist vorbei, nun bist du wieder in der Welt, dort, wo die Menschen zu Hause sind.

Die Welt ist so groß, und wir wissen viel zu wenig über sie. Und das Leben ist viel zu kurz. Weißt du nicht mehr, dass du das ähnlich ausgedrückt hast, damals, als du Cicero lasest?

Vielleicht gibt es keinen Gott, der um unsere armen Seelen feilscht. Und vielleicht gibt es einen liebevollen Gott, der uns für die Welt erschaffen hat, damit wir in ihr leben. Ach, Aurel, wenn du jetzt unter einem Feigenbaum lägest – ich glaube, du hältst eine Feige in der einen Hand –, dann würde ich wohl zu dir kommen und dich auf deine viel zu müde Stirn küssen.

150 Bekenntnisse X,35

151 Aus der griechischen Mythologie: Daidalos konstruierte aus Vogelfedern und Bienenwachs Flügel, um zusammen mit seinem Sohn Ikaros aus Kreta fliehen zu können. Daidalos schärfte seinem Sohn ein, ja nicht zu dicht an die Sonne heranzufliegen, denn dann würde die Sonne das Wachs zum Schmelzen bringen. Der übermütige Ikaros jedoch hörte nicht auf die Mahnungen seines Vaters. Er flog so nah an die Sonne heran, dass die Sonne seine Flügel verbrannte und Ikaros ins Meer stürzte.

152 *Epistula non erubescit.* Cicero

153 Floria schreibt: »Schaue auf zu Jupiter, d. h. dem Vater Jovis, dem Himmelsgott.« »Unter dem Himmel« kann auch *sub Iove* (unter Iovis) heißen, z. B. bei Horaz.

Ich würde versuchen, dieses entsetzlich angestrengte Wort »Enthaltsamkeit« in kleine Stücke zu zerkauen. Denn noch, ja, noch liegt dieses Wort wie eine schwere Last auf deinem Gemüt. Das Einzige, was dich vielleicht befreien könnte, ist meine Umarmung. Warum ist es nur so weit von Karthago bis Hippo Regius?

Ich werde dafür sorgen, dass du diesen Brief erhältst, und ich bitte dich, ihn zu lesen. Aber ich habe nicht mehr die Hoffnung, dass meine Worte dich wirklich erreichen werden. Und deshalb habe ich mein Öl und meine Mühen vergeudet.[154]

Ich habe Angst, Aurel. Ich fürchte mich davor, was die Kirchenmänner eines Tages vielleicht mit Frauen wie mir machen werden. Nicht, weil wir Frauen sind, so wie Gott uns als Frauen erschaffen hat. Sondern weil wir Frauen sind, die euch in Versuchung führen, weil ihr Männer seid, so wie Gott euch als Männer erschaffen hat. Du meinst, dass Gott Eunuchen und Verschnittene inniger liebt als die Männer, die auch eine Frau lieben. Aber dann preise Gottes Schöpfung nicht zu laut, denn Gott hat den Mann nicht erschaffen, damit er sich entmannt.

Ich kann nicht vergessen, was in Rom geschehen ist, und dabei denke ich nicht mehr nur an mich. Denn nicht über mich bist du damals hergefallen. Sondern über Eva, gnädiger Bischof, über die Frau. Und wer einer unrecht tut, bedroht viele.[155]

Ich fröstle, denn ich fürchte, es wird eine Zeit kommen, in der die Kirchenmänner Frauen wie mir das Leben nehmen werden. Und warum soll diesen Frauen das Leben genommen werden, gnädiger Bischof? Weil sie euch daran erinnern, dass ihr eure eigene Seele und euren Leib verleugnet. Und wieso tut ihr das? Für einen Gott, sagt ihr, für Ihn, der den Himmel über euch und dazu eine Erde geschaffen hat, auf der ihr doch tatsächlich von uns Frauen geboren werdet.

Wenn es Gott gibt, möge Er euch vergeben. Aber vielleicht werdet ihr eines Tages verurteilt werden, weil ihr allen Freuden des Lebens den Rücken gekehrt habt. Ihr verleugnet die Liebe zwischen Mann und Frau. Vielleicht kann das verziehen werden. Aber ihr verleugnet sie im Namen Gottes.

154 Floria spielt hier auf den Komödiendichter Plautus an: *Oleum et operam perdidi* (Ich habe mein Öl und meine Anstrengungen vergeudet). Dieser Ausspruch wird einer jungen Frau in den Mund gelegt, die vergeblich ihr Glück beim anderen Geschlecht sucht.

155 Vgl. Syrus: *Multis minatur, qui uni facit iniuriam.*

Das Leben ist kurz, und wir wissen viel zu wenig. Aber wenn deine Bekenntnisse mir hier in Karthago auf deine Veranlassung hin zum Lesen gegeben worden sind, dann ist die Antwort: Nein. Ich lasse mich nicht taufen, gnädiger Bischof. Gott fürchte ich nicht. Ich spüre, dass ich schon mit Ihm lebe, und schließlich hat Er mich doch erschaffen! Auch der Nazarener hält mich nicht davon ab, vielleicht war er wirklich ein Mann Gottes. Und er war schließlich auch Frauen gegenüber gerecht, oder nicht? Ich fürchte die Theologen. Möge der Gott der Nazarener euch vergeben, dass ihr so viel Zärtlichkeit und Liebe abgeschnitten habt.

Ich habe gesprochen und meine Seele befreit.[156] Und nun, gnädiger Bischof, nun wird getrunken![157] Ich sitze hier in Karthago unter unserem alten Feigenbaum. Er blüht[158] schon zum dritten Mal in diesem Jahr. Aber er trägt keine Frucht.[159]

Lebe wohl![160]

Noch immer habe ich viele Fragen. Hat Floria ihren Brief an Aurel abgeschickt? Oder hat sie das dann am Ende doch nicht gewagt? Im Brief wird das ja an einer Stelle angedeutet. Sie schreibt, dass sie sich davor fürchtet, was die Kirchenmänner eines Tages mit einer Frau wie ihr machen werden.

Aus einigen Fußnoten geht jedoch hervor, dass ich im Grunde doch davon ausgehe, dass der Bischof von

156 *Dixi et salvavi animam meam.*

157 *Nunc est bibendum.* Horaz

158 *Floret* (von *floreo,* blühen). Ich nehme an, dass Floria hier auf ihren eigenen Namen anspielt. Der Name Floria ist übrigens wohl eine Ableitung von *flos, floris* (Blume). Vgl. *Flora,* die Göttin der Blumen.

Zwanzig Kilometer nördlich von Ostia liegen die Ruinen eines alten Augustiner-Klosters (San Augustino). Das Kloster wurde im Mittelalter an der Mündung des Flusses Fiora (Floria) errichtet. Für mich ist das ein weiterer Hinweis darauf, dass bis ins Mittelalter hinein eine Floria-Tradition existiert haben muss.

159 *Fructum,* zu *fructus,* das außerdem »Nutzen«, »Ertrag« oder »Ausbeute« bedeuten kann. Aber Floria hat auch die vier Evangelien gelesen. Ob sie hier an das Gleichnis vom Feigenbaum gedacht hat? (Vgl. Matthäus 21,18–22, und Lukas 13, 6–9).

160 *Vale!* Üblicher Abschiedsgruß in Briefen.

Hippo Regius diesen Brief erhalten hat. Die Möglichkeit besteht, dass der Brief im Lauf der Geschichte der katholischen Kirche eher ein Leben im Verborgenen geführt hat. Selbst wenn er vielleicht in mehreren Abschriften überliefert war, müssen ihn deshalb nicht viele Menschen gekannt haben. Das ursprüngliche Pergament kann natürlich auch – ob absichtlich oder nicht – vollständig in Vergessenheit geraten sein, bis es im 16. Jahrhundert durch einen Zufall wieder entdeckt wurde. Aber was geschah dann?

Vielleicht wurde mein Exemplar des »Codex Floriae« in einer Klosterbibliothek aufbewahrt, bis es aufgefunden und an den Besitzer des kleinen Antiquariats in Buenos Aires verkauft wurde. Der Antiquar hat gesagt, dass er seine Kunden schützt. Auch ein Priester – oder natürlich eine Nonne – können in gewissen Notlagen unter finanziellen Engpässen leiden.

Was die eigentliche Tradition angeht, so sehe ich noch eine andere Möglichkeit. Ob Augustinus nun Florias Brief erhalten hat oder nicht, so wurde vielleicht das alte Pergament im 7. Jahrhundert entdeckt, als die Araber Nordafrika eroberten. Möglicherweise haben sie es nach Spanien gebracht, wo es die nächsten Jahrhunderte überlebte, bis es abermals aufgefunden und von den spanischen Konquistadoren mit nach Südamerika genommen wurde.

Aber existiert dieses alte Pergament noch?

Wobei mich trotz allem eine andere Frage viel mehr beschäftigt: Wie hat Augustinus auf den Brief seiner ehemaligen Lebensgefährtin reagiert? Was hat er damit gemacht? Und was mit Floria?

Wir werden wohl nie mit Sicherheit wissen, ob Augustinus Florias Brief erhalten hat. Allerdings wurde erst vor wenigen Jahren ein bisher unbekannter Brief des Augustinus entdeckt. (Peter Brown: The Body and Society, Columbia University Press, N. Y., 1988, S. 397)

Was mich betrifft, so war es jedenfalls unvorstellbar naiv von mir, dass ich die Vatikanische Bibliothek nicht um eine Quittung gebeten habe!

Oslo, 8. August 1996, Jostein Gaarder

Die Übersetzung der Augustinus-Zitate stammt aus:

Augustinus: *Bekenntnisse.* Zweisprachige Ausgabe. Aus dem Lateinischen von Joseph Bernhart, Insel Verlag, Frankfurt am Main, 1987

NACHWORT

Aurelius Augustinus, der später, sehr viel später zum heiligen Augustinus wurde, kam in Afrika zur Welt. Man schrieb das Jahr 354 n. Chr., und der Ort des Geschehens war die Kleinstadt Tagaste, die heute Souk-Ahras heißt und in Algerien liegt. Augustinus stammte aus einer Kleinbürgerfamilie: Der Vater Patricius, kein Christ, sondern Heide, stand in öffentlichen Diensten, besaß etwas Land und einen gemäßigten Ehrgeiz; die Mutter Monika war Christin, willensstark bis zur Starrsinnigkeit und vom rechten Gottesglauben mehr als überzeugt. Zeit ihres Lebens versuchte sie, andere Leute zu bekehren: zuerst den Ehemann, der wacker dagegenhielt, dann etliche Nachbarn und Freunde, die sich zumeist irritiert zeigten, und schließlich – als wahrhaft lohnendes Opfer – den Sohn, der von ihr, letztendlich, auf einen Weg gebracht wurde, von dem es keine entscheidenden Abweichungen mehr gab. Der Vater hatte für den Sohn einen Berufsweg vorgesehen, der in schwerer Zeit am lohnendsten erschien: Er sollte, als

Jurist oder Lehrer, in der kaiserlichen Verwaltung unterkommen. Augustinus ging im benachbarten Madaura zur Schule, dort begann er auch mit dem Studium, das er dann in Karthago, der Hauptstadt des römischen Afrika, fortsetzte. Mit 19 las er den *Hortensius*, eine (später verloren gegangene) Programmschrift des Philosophen Cicero, der, inspiriert vom griechischen Geist, die Philosophie auf ehrwürdige Weise zu popularisieren verstand. Seine Aufforderung, *Weisheit* nicht nur zu suchen, sondern auch, wenn möglich, zu *lieben*, hat Augustinus ernst genommen. Er studierte Rhetorik, die in der Antike weit mehr bedeutete als die systematische Ausbildung feiner Rednertalente: Sie bot sich zugleich als Zusammenfassung des allgemein anerkannten Bildungsgutes an – als seine Umsetzung von innerer Kenntnis- und Anteilnahme in äußere Wirksamkeit, und dies nach Maßgabe eines festen Regelwerks. Augustinus las die lateinischen Klassiker, Vergil, Horaz, Cicero u.a.; mit dem Griechischen jedoch hatte er ein Leben lang Probleme. Er wurde städtischer Rhetoriklehrer in Karthago, womit er ein Auskommen hatte, das keine großen Sprünge erlaubte. In Karthago lernte er auch seine Freundin Floria kennen, jenes geheimnisvolle Geschöpf, das in späteren Philosophiegeschichten zur »Konkubine« schrumpfte, mit welcher der damals noch nicht so heilige Mann immerhin fünfzehn Jahre zusammenlebte und einen Sohn zeugte, der den schönen Namen Adeodatus (der von Gott Gegebene) erhielt. Augustinus scheint die Spielarten der Liebe gekannt zu haben; es wird berichtet, dass er zu jener Zeit durchaus kein Kind von Traurigkeit war. Dass er dennoch nicht zum Genussmenschen wurde, lag auch an der seiner Mutter geschuldeten christlichen Erziehung; sie glaubte *die Sünden der Fleischeslust* zu kennen und wusste damit die hartnäckigsten Schuldgefühle zu verbinden. Mit Floria ging Augustinus nach Rom, versuchte sich dort wieder als Rhetoriklehrer, wobei die Einkünfte noch etwas kümmerlicher wurden, denn die Studenten in Rom waren Selbstzahler und als solche nicht sehr spendierfreudig. Schließlich machte Augustinus doch noch einen Karrieresprung: Er wurde nach Mailand berufen, der damaligen Kulturhauptstadt des Römischen Reiches. Dort amtierte er als Erster Redner am kaiserlichen Hof. Er studierte die Schriften des Mailänder Bischofs Ambrosius, der ihm eine Existenz vorführte, in der weltliche und geistige Macht scheinbar problemlos ineinander griffen. Ambrosius war zudem ein

Schriftgelehrter, der sich Anhänger verschaffte; er brachte die christliche Glaubensbotschaft mit der griechischen Philosophie zusammen und formte daraus einen Wahrheitsanspruch, der dem noch immer zögerlichen Augustinus ausgesprochen überzeugend erschien. Er, der zuvor bei den Manichäern, einer christlichen, an strenger Zweiteilung zwischen Licht und Dunkel, Gut und Böse geschulten Sekte, mitgewirkt hatte, sah sich nun als Christ, der auf dem Weg zu seinem Gott war.

Seine resolute Mutter Monika, die während all der Jahre nicht lockergelassen hatte, tat ein Übriges: Sie redete dem Sohn seine Floria aus, die nach Afrika zurückgeschickt wurde. Stattdessen sollte er ein junges Mädchen aus besseren Kreisen heiraten, was allerdings Schwierigkeiten bereitete: Zum einen scheint Augustinus seine Floria doch mehr vermisst zu haben, als es Monika recht sein konnte; zum anderen gab sich die für ihn erwählte neue Braut vergleichsweise spröde, sodass es nur zu einer Verlobung langte, die dann sang- und klanglos aufgelöst wurde. Das Leben des Augustinus hatte sich zwischenzeitlich jedoch ohnehin in eine Richtung entwickelt, die seiner Mutter Tränen der Genugtuung in die Augen trieb: Er war, dank eines wundersamen

Erweckungserlebnisses, über das er später in seiner Autobiographie (den *Bekenntnissen*) einen ebenso wundersamen Bericht ablieferte, endgültig zum Christen geworden, und dieser Berufung ging er, wie andere Spätberufene auch, mit eifernder Strenge nach. Im Jahre 387 ließ er sich (zusammen mit Adeodatus) taufen und wurde von da an nicht müde, sein bisheriges weltliches Leben mit all seinen Sinnen- und sonstigen Freuden schlecht zu reden. Floria – und leider auch sein Sohn, den er bezeichnenderweise ein *Kind der Sünde* nennt, finden nur noch im Zusammenhang mit der Aufzählung irdischer Irrwege verschämte Erwähnung. Was zählt, ist die Nähe zu Gott, vor der die menschlichen Dinge klein und unwichtig erscheinen.

Anstelle der Lebensfreude hat sich Augustinus später Mühe und Arbeit in sein Leben geholt: 388 kehrte er mit Adeodatus nach Afrika zurück, nachdem kurz zuvor Monika, zufrieden mit dem Erreichten, gestorben war. Mit christlichen Freunden lebte er in einer auf Anspruchslosigkeit ausgerichteten Glaubensgemeinschaft; dann wurde er, wiederum in einer Art höherer Erwählung, zum Bischof von Hippo Regius ernannt, als der er bis an sein Lebensende im Jahre 430 wirkte. Die Spuren, die Floria und Adeodatus in seinem Leben hinterlassen haben, verloren sich rechtzeitig genug, um keine bleibenden Irritationen zu hinterlassen; der Sohn ist früh gestorben, und von Floria konnte geschwiegen werden, nachdem ihrem ehemaligen Lebensgefährten die christliche Wahrheit unanfechtbar geworden war. Augustinus hat sein Wissen danach vorbehaltlos in den Dienst des Christentums gestellt. Er hat die Sache des Menschen zurück an Gott verwiesen, von dessen Gnade er abhängig bleibt; nur so lässt sich die leider arg früh, nämlich bereits mit Adams Fehltritt im Paradies heraufbeschworene Ursünde korrigieren. Am eindrucksvollsten ist der Philosoph Augustinus, wo er nicht ausschließlich als strenggläubiger Kirchenvater argumentiert – in seinen Analysen zur Zeitlichkeit etwa, die, so als lebten sie aus sorgsam verschwiegenen Erinnerungen, noch etwas von der Unmittelbarkeit des Daseins aufblitzen lassen, dessen Ansprüche an sich herrisch genug sind, um nicht unbedingt noch eines zusätzlichen Herrn zu bedürfen, zu dem man aufschauen muss.

Otto A. Böhmer

Jostein Gaarder, geboren 1952, wurde mit seinem Roman »Sofies Welt« weltweit berühmt. Das Buch ist inzwischen in über 25 Sprachen übersetzt und wurde rund zehn Millionen Mal verkauft. Gaarder ist Norweger, er studierte Philosophie, Theologie und Literaturwissenschaft und unterrichtete danach zehn Jahre lang Philosophie an Schulen und in der Erwachsenenbildung. Daneben schrieb er Romane und Erzählungen. Sein erstes Buch, ein Erzählband für Erwachsene, erschien 1986, sein erstes Kinderbuch 1987. Heute lebt er als freier Schriftsteller mit seiner Frau und zwei Söhnen in Oslo. »Sofies Welt«, 1993 bei Hanser erschienen, erhielt ein Jahr später den Deutschen Jugendliteraturpreis. Danach folgten die Bücher »Das Kartengeheimnis« (1995) und »Durch einen Spiegel, in einem dunklen Wort« (1996) im Hanser-Programm. Auch diese beiden Romane wurden zu Bestsellern.

In gleicher Ausstattung liegt vor:

Jostein Gaarder
Sofies Welt
Roman über die Geschichte der Philosophie
616 Seiten
ISBN 3-446-17347-1

Ein Roman über zwei ungleiche Mädchen und einen geheimnisvollen Briefeschreiber, ein Kriminal- und Abenteuerroman des Denkens, ein gescheites, geistreiches, witziges Buch, ein großes Lesevergnügen – und zu allem eine Geschichte der Philosophie von den Anfängen bis zur Gegenwart.

»Ein dickes Buch, mit spitzen Fingern angefaßt und mit Begeisterung und Beifall zugeklappt: Ein großer Wurf im wörtlichen und im übertragenen Sinn. Gaarders Buch ist eine einmalige Chance für alle, die endlich einmal erfahren wollen, was das ›Ding an sich‹ ist. Selten hat man einem Buch soviel Erfolg gewünscht.« DIE ZEIT

Von der ZEIT und Radio Bremen ausgezeichnet mit dem »Luchs«.

Deutscher Jugendliteraturpreis 1994

In gleicher Ausstattung liegt vor:

Jostein Gaarder
Das Kartengeheimnis
352 Seiten
ISBN 3-446-17710-8

Die Geschichte einer gleich dreifachen Reise: einer wirklichen nach Griechenland, einer phantastischen auf eine magische Insel und einer gedanklichen in die Philosophie. Jede für sich wäre abenteuerlich genug – zu einer raffinierten Romanhandlung verwoben, werden sie zu einem Leseerlebnis der besonderen Art.

»Das ›Kartengeheimnis‹ ist nicht nur ein leichtfüßiger philosophischer Spaziergang wie ›Sofies Welt‹, sondern auch eine poetische Fabel allererster Güte.«
Hamburger Abendblatt

›Gaarders Roman fasziniert und berauscht. Und dieser Rausch hat zwei Vorzüge: Erstens ist er für Leser von 12 bis 100 Jahren geeignet. Wesentlicher aber noch scheint der zweite Punkt zu sein: Das Ergebnis dieser Art von Trunkenheit ist ein Zugewinn an praktikablem Wissen.«
Süddeutsche Zeitung

In gleicher Ausstattung liegt vor:

Jostein Gaarder
Durch einen Spiegel, in einem dunklen Wort
160 Seiten
ISBN 3-446-18071

Zum ersten – und gleichzeitig letzten – Mal in ihrem Leben sieht sich Cecilie herausgefordert, ihre Existenz in der Welt zu durchdenken und mit ihrer Vorstellungskraft hinter das vorzudringen, was Spiegel uns als vertraute Fassade zeigen. Ein unendlicher Kosmos tut sich ihr plötzlich hinter Begriffen und Wörtern auf, den sie nur bruchstückhaft erfassen kann. Und trotzdem ist sie am Ende bei aller Unfertigkeit der Welt und sich selbst ein großes Stück nähergekommen. Ein Roman über eine ungewöhnliche Begegnung mit dem Mysterium der Schöpfung.

»Jostein Gaarder hat ein unsentimentales, sanftes und gescheites Buch geschrieben. Er wendet sich an junge Menschen, aber die Lektüre berührt sehr wohl auch die Älteren.« Süddeutsche Zeitung

»›Durch einen Spiegel in einem dunklen Wort‹ gehört zu denjenigen Büchern, bei dessen Lektüre man ständig Sätze anstreichen möchte, und ganz nebenbei erzählt es eine der schönsten Weihnachtsgeschichten, die zur Zeit auf dem deutschen Büchermarkt zu haben sind.« Buch Aktuell